신용평가사가 들려주는
산업 이야기 4
지정학과 경제

신용평가사가 들려주는 산업 이야기 4
지정학과 경제

초판 1쇄 발행 2024년 3월 27일

지은이 김명수, 이혁준, 송기종, 최우석
펴낸이 장길수
펴낸곳 지식과감성#
출판등록 제2012-000081호

교정 한장희
디자인 이현
편집 이현
검수 주경민
마케팅 김윤길, 정은혜

주소 서울시 금천구 벚꽃로298 대륭포스트타워6차 1212호
전화 070-4651-3730~4
팩스 070-4325-7006
이메일 ksbookup@naver.com
홈페이지 www.knsbookup.com

ISBN 979-11-392-1728-5(03320)
값 13,000원

- 이 책의 판권은 지은이에게 있습니다.
- 이 책 내용의 전부 또는 일부를 재사용하려면 반드시 지은이의 서면 동의를 받아야 합니다.
- 잘못된 책은 구입하신 곳에서 바꾸어 드립니다.

지식과감성#
홈페이지 바로가기

지정학과 경제

신용평가사가 들려주는
산업 이야기 4

김명수 I 이혁준 I 송기종 I 최우석 지음

국제정치 · 경제 · 산업 이해를 위한
금융시장 관계자들의 필독서

CONTENTS

서문 8

지정학과 지역 경제

1. 일본 경제의 부활을 경계하며 (전편) | 김명수 18
1. 엔저의 비밀 18
2. 미국 소비자가전 산업의 성쇠 20
3. 일본의 세계 제패: 모방과 창조 (上) 22
4. 전편을 마무리하며 33

2. 일본 경제의 부활을 경계하며 (후편) | 김명수 36
1. 일본의 세계 제패: 모방과 창조 (下) 36
2. 일본 소비자가전 산업의 몰락 44
3. 일본 소비자가전 산업의 변신 47
4. 중국의 대항마, 일본 48
5. 우리의 나아갈 길 51
참고 문헌 53

3. 고유가와 엔저가 몰고 올 먹구름 | 김명수 56
1. 두 가지 변수 56
2. 고유가가 가져올 위기 57
3. 엔저가 가져올 위기 64
4. 결론 - 2024년은 한국 기업 경쟁력 약화의 원년 68

4. 새로운 냉전과 일본 산업의 부활 | 최우석 72

1. 냉전시대 자유주의 승리를 위한 교두보 72
2. 자유주의 시장경제의 확장과 새로운 냉전 76
3. 새로운 냉전시대를 맞는 일본 산업의 현재 80
4. 마치며 82
참고 문헌 84

5. 미국의 대 중동정책 변화의 방향 | 김명수 86

1. 중동 문제의 연원과 본질 86
2. 미국 경제의 예산 제약 89
3. 새로운 중동 경찰: NATO 91

6. 개혁·개방의 종말과 마오쩌둥의 부활 | 송기종 96

1. 기이(奇異)했던 2023년 베이다이허 회의 96
2. 시진핑은 어떻게 '황제'가 되었나? 98
3. 개혁·개방의 종말과 중국 경제의 미래 101
4. 위기 혹은 장기 침체 107

7. 진로를 찾아 나가는 한국 경제 | 김명수 114

1. 엇갈리는 세 대륙 114
2. 불안한 대륙, 유럽 117
3. 추락하는 중국 경제 122
4. 소프트랜딩 하는 미국 125
5. 결론 – 미국 경제에 올라타기 130

금융산업

1. 미국 경제의 독주와 고금리 장기화 | 송기종 136
  1. 작아진 파열음과 미국 경제의 독주: 클린턴 호황기 통화정책의 데자뷔 137
  2. 1997년 외환위기와 부동산 PF 문제 142

2. 새해 PF 문제의 해소를 기다리며 | 김명수 146
  1. PF 차입금이란 무엇인가? 146
  2. 제2 금융권의 PF 문제 148
  3. 거시경제 측면에서 본 PF 문제 152
  4. 결론 – 함께 공포를 이겨 내야 할 때 156

3. 보험사 회계기준 변경의 두 얼굴 | 이혁준 160
  1. 2011년 K-IFRS 전면 도입: 회계기준의 국제적 정합성 제고 160
  2. 혼란과 적응 162
  3. 2023년 IFRS17 시행: 보험부채의 현재가치 기준 평가 전환 165
  4. 어닝 서프라이즈 뒤에 드리운 그늘 167

4. 증권사 대형화, 큰 힘에는 큰 책임이 따른다 | 이혁준 172
  1. 이례적인 자본거래 2건 172
  2. 이례적인 자본거래의 이유 174
  3. 이례적인 자본거래를 바라보는 신용평가사의 시각 176
  4. 증권사 대형화, 기대했던 것은 이루어졌는가 177
  5. 큰 힘에는 큰 책임이 따른다 180

서문

  2021년 『신용평가사가 들려주는 산업 이야기』 1권을 펴낸 후 매년 한 권씩을 더해 올해로 벌써 4권째를 내놓게 되었다. 애초 특별히 기획한 바는 아니었지만 지난 4년 동안 일어난 국제정치·경제·산업 동향을 투자자들에게 설명해 보려는 시도가 모인 결과이다.

  2022년 2월 우크라이나 전쟁 발발 후 2년간 세계는 굉음을 내며 '서구 vs 중·러'라는 두 개의 블록으로 분리되었다. 어느 한 편에 속하지 않은 과거의 제3세계권, 즉 중동과 인도, 라틴아메리카 등은 양편 모두에 올리브 가지를 흔들며 자신의 가치를 드높이기 위해 애쓴다.

  '기술과 자본의 서구'와 '제조업과 자원의 중·러'가 분리되어 나가고 블록별 경제는 각자도생할 수 있는지 테스트에 들어갔다. 전후 75년 동안 세계 경제는 데이비드 리카도의 비교우위론에 근거하여 세계의 모든 자원과 노동과 기술과 자본을 동원하여 세계의 소비자들에게 값싸고 질 좋은 제품을 공급해 왔다. 이제 미국을 위시한 서구는 중·러 블록에 더 이상 기술과 자본을 제공하지 않을 것이고, 첨단 제조 능력은 미국·유럽·일본에서 직접 맡을 것이며, 러시아 자원 구매는 국제가격보다 훨씬 할인된 가격으로 이루어질 것이라는 점을 선언하였다.

  75년간의 세계 경제 효율화 과정의 결과 '사는 자(Buyer, 서구)'와

'파는 자(Seller, 중·러)'로 선명히 분리된 지금, 그 승부는 어떻게 될 것이고 한국은 어느 편에 서야 하는가? 상품 교역 시장에서 사는 자와 파는 자의 교섭력은 그때그때 다르지만, 결국 승자는 언제나 '사는 자'이다. '사는 자'는 국제 규범을 만들고(Rule-setter), '파는 자'에게 그 규범을 받아들이도록 강요한다(Rule-taker). 한국은 파는 자이지만 사는 자의 대열에 설 수밖에 없는 운명이다.

미국 편에 선다는 것이 대중(對中) 무역 전선에 어떤 불이익을 낳을 것인지 초조하게 지켜보던 우리 경제가 2023년 1.4% 성장에 이어 2024년에는 2.1% 성장을 예상하고 있다. 내수에 큰 영향을 미치는 건설업이 PF 위기로 올스톱되고 고금리 여파로 소비도 크게 위축된 상황에서 오직 수출 성장으로 만들어 낸 성과다. 21년 만에 대미(對美) 무역흑자가 대중 무역을 능가했다는 사실은 한·중 무역 중 상당 부분이 궁극의 Buyer인 미국으로 가는 경유지였다는 것을 알리는 중요한 신호다.

시중에는 미·중 패권 경쟁의 수혜자가 한국이 될 것이라는 섣부른 낙관론도 나온다. 그러나 30년 만에 재현된 강대국들 간의 그레이트 게임의 수혜자가 우리가 될 것이란 기대는 너무나 안이하다. 강대국들 간의 질서가 바뀌면 소국들은 변화에 순응해야 하고 그것은 항상 높은 비용을 수반한다.

아니나 다를까 2023년 10월 가자 전쟁이 터졌다. 이스라엘-하마스 간의 국지전이지만 홍해 항행이 불안해지자 세계 교역로에 비상등이 켜졌다. 미국이 중동에서 석유를 실어 날라야 했던 시대가 저물어 가고 석유 자립을 선언한 지금, 중동 평화의 수호자는 누구인가?

2021년 아프가니스탄 철군으로 중동 지역에 미국 육상군은 더 이상 존재하지 않는다. 미국 공화당의 유력 대선후보 도널드 트럼프는 소련이 사라진 지금 NATO가 무엇을 위한 군사동맹인지 묻고 있다. 전후 서유럽 재건을 위해 석유 수급을 안정시켜야 했고 중동 정세에 개입해 왔던 미국은 이제 지긋지긋한 그 일을 그만하고 싶어 한다.

소련 멸망 이후 국방비를 줄이며 평화배당금을 누려 왔던 유럽 국가들이 NATO를 강화하고 중동 경찰이라는 책무까지 떠맡아야 한다면 우리는 과연 무사할까? 유럽은 증가하는 방위비와 파병 부담을 완화하기 위해 부유한 아시아 국가들에게 손을 벌릴 것이다. 우리는 NATO+(나토 플러스)에 참여하고 일본과 함께 연합함대를 파견해야 할지도 모른다.

두 번째 큰 변화는 엔저의 심화다. 2022년 하반기부터 시작된 엔저는 경제전문가들의 기대와는 달리 2023년 내내 상시화되었다.

필자는 2022년부터 엔저는 일시적 현상이 아닌 미국의 대일본 정책 궤도 수정임을 주장한 바 있다. 이른바 '역플라자 합의'이다. 신대륙을 제외한 지역에서 미국의 대외정책은 항상 세력균형을 지향한다. 중동의 세력균형 축이 사우디 vs 이란이라면, 아시아의 세력균형 축은 중국 vs 일본이다.

1985년 플라자 합의가 일본의 부상을 막기 위한 것이었다면 2022년 FRB의 금리인상과 일본중앙은행의 금융완화 엇박자는 일본 경제의 부활을 용인하는 미국의 전략이다. 일본의 수출경쟁력이 살아난다는 것은 중국의 그것이 상대적으로 약화된다는 것을 의미하고 일본이 부강해진다면 중국을 제압하는 데 도움을 받을 수 있기 때문이다. 강해진 일본이 미국의 국익에 부합한다.

엔저는 시작일 뿐이다. 엔저는 일본 기업들의 금고를 살찌우고 연구개발 능력을 함양하여 신기술, 신제품 개발을 가능하게 한다. 우리가 한동안 잊고 있었던 기라성 같은 일본 기업들이 자신의 R&D센터에 세계 곳곳에 흩어져 있던 일본 과학자들과 엔지니어들을 모을 것이다.

실리콘밸리의 첨단 미국 기업들은 강달러를 앞세워 호조건으로 일본 기업들과 제휴 협력 관계를 맺을 것이다. 머지않아 미일 합작의 신제품과 서비스가 국제시장에 등장할 것이다. 중국 기업들은 따라오지도 못할 만큼 격차를 낼 것이다.

한국 경제는 1985년 이후 엔저를 경험해 보지 않았다. 엔저 기반의 역동적인 일본 경제가 만들어 낼 미일 합작의 신제품이 우리 제품들을 창고 구석으로 밀어낸다면 한국 기업과 경제에는 어떤 시련이 닥칠 것인가? 한국 기업들은 미일 합작의 곁불이라도 쬐게 해 달라고 애걸해야 하는가?

중동의 불안감이 고조되고 일본 경제가 부활하고 있는 지금, 단순히 한미동맹을 강화하는 것만으로는 우리의 미래가 보장되지는 않을 것이다. 냉전기 한국은 서구 국가들의 보호 대상이었지만, 신냉전기 한국은 서구 사회에 어떤 기여를 할 것인지 분명히 물을 것이다. 또한, 긴밀해져 가는 미일 협력 시대에 한일 관계를 어떻게 설정할 것인지 국내 정치적으로도 민감한 과제를 떠안게 되었다.

금번 4권에서는 한국 경제가 미·중 패권 경쟁 속의 미로를 어떻게 찾아 나가야 하는지, 그리고 엔저라는 새로운 변수를 맞아 어떤 준비를 해 나가야 하는지 밝히고자 노력하였다. 아울러 최근 고조되는 PF 위기 등, 금융시장의 주요 과제에 대해서도 균형된 의견을 내고자 애썼다. 모쪼록 본서를 통해 금융시장 관계자들이 복잡한 국제정치·경제·산업 현안을 이해하는 데 조그만 도움이라도 되면 보람이 있겠다.

2024년 2월 29일

김명수 씀

I
지정학과 지역 경제

1.
일본 경제의 부활을 경계하며
(전편)

일본 경제의 부활을 경계하며

김명수

1. 엔저의 비밀

　일국의 경제는 수많은 산업활동의 합으로 이루어진다. 농·수·축산업의 1차산업과 광업 및 제조업의 2차산업, 그리고 서비스업의 3차산업이 그것이다. 3차산업은 음식료·숙박·관광업부터 금융, 교육, 의료, 미디어, 공학 관련 서비스 및 이른바 빅테크 기업까지 그 스펙트럼이 광범하다.

　2차산업인 제조업 비중은 선진국 내에서도 차이가 많다. 한국·독일은 25%에 달하고 일본도 20% 수준이다. 미국은 10% 수준이지만 대부분의 유럽 국가들은 한 자릿수에 불과하다. 산업 공동화의 결과다. 반면 세계의 공장으로 불리는 중국의 제조업 비중은 30%에 육박한다.

　GDP는 1, 2, 3차 산업에서의 부가가치(Value-added)의 합으로 산출된다. 기업의 부가가치는 대개 원재료비를 제외한 인건비, 경비, 그리고 이윤의 합으로 계산되는데, 원재료비의 비중이 낮을수록 고부가가치 산업이다. 철강, 화학은 재료비의 비중이 70~80%로 높고, 자동차, 조선, 기계는 40% 수준이다. 전자산업은 재료비가 높은 백색 가전부터 부가가치가 높은 반도체, 컴퓨터까지 다양하다. 3차산업인 서비스업은 재료비 비중이 거의 없으므로 대부분 부가가치라고 보면 된다. 선진국일수록 3차산업 비중이 높은 것은 당연하다.

한·중·일과 독일의 경우 2차산업 비중이 높고 이들 산업에서 부가가치를 높여야 경제성장을 이루고 개인당 소득도 높아질 수 있다. 일본 경제는 자동차와 소비자가전 산업에서의 성공을 바탕으로 1980년대에 세계 2위의 경제대국으로 성장하였고, 우리나라도 유사한 경제모델로 중진국 함정을 탈출하였다.

중국의 명목 GDP는 18.5조 달러, 1인당 소득은 13,000불 수준이다. 주력 산업은 아직 철강, 화학, 자동차, 조선, 기계 등에 머물러 있고 이들 중후 장대형 산업의 부가가치는 그리 높지 않다. 만일 중국이 소비자가전 산업에서 미·일의 하청 조립 단계를 벗어나 독창적인 신제품으로 높은 부가가치를 거둔다면 1인당 소득이 2만 불을 넘지 못할 이유가 없다. 소득 2만 불이라면 명목 GDP 28조 달러에 달하는 미국 경제를 넘볼 수 있다(14억 인구×2만 불=28조 달러). 일각에서 주장되는 중국 대망론의 근거이다. 모두가 부동산 문제를 주목하지만 소비자가전 산업의 발전 여부에 중국 경제의 미래가 걸려 있다고 해도 과언이 아니다.

미국은 중국의 반도체 산업 발전을 틀어막고 있지만 전 세계 소비자들의 중국산 소비자가전 제품 수요까지 일방적으로 금지할 수는 없을 것이다. 애플의 아이폰이 그 좋은 예다. 중국의 소비자가전 산업 발전을 막기 위해서는 충분한 사전 정지 작업이 필요하다. 이제 미국과 일본이 본격적인 공조에 나섰다. 엔저가 그 첫 발걸음이다.

2. 미국 소비자가전 산업의 성쇠

전기·전자산업으로 대변되는 제2차 산업혁명은 미국이 시작하고 일본이 완성하였다 해도 과언이 아니다. 초창기 핵심 제품은 전화, 라디오, TV였고 미국의 AT&T, RCA는 산업을 지배하였다.

그중에서도 소비자가전 산업[1]을 지배한 것은 RCA였다. RCA는 CBS와의 컬러TV 경쟁에서 흑백TV와 호환이 가능한 '삼색 컬러 진공관 TV'를 발명하여 세계시장을 석권하였다. RCA는 NBC를 설립하고 방송까지 장악하여 라디오·TV 판매 수익, 기술이전 로열티 수익, 방송 수익으로 1960년대까지 세계 소비자가전 산업의 제왕으로 등극하였다.

다른 한편에서는 신흥 반도체 산업이 미국 국방부의 후원하에 발전

---

1) 소비자가전 산업은 Consumer electronics industry의 번역이다. 아마 이 산업이 가정용 TV, 라디오, 전화기로 시작되었기 때문일 것이다. 가정용뿐 아니라 오피스 환경, 모바일 환경에서 사용되는 다양한 제품이 존재하는 지금, 이 번역은 시대에 뒤떨어진 것이 사실이다. '상업용 전자산업' 정도가 적절한 번역으로 보이지만 여기에는 컴퓨터 산업도 포괄되므로 아직 쓸 수 있는 용어가 아니다. 따라서 어쩔 수 없이 여기서는 '소비자가전 산업'이란 학계 용어를 쓰기로 한다.

하고 있었다. 두 번의 세계대전 후 미국은 영국으로부터 자유세계의 패권을 넘겨받았지만 미국이 넘겨받은 세상은 위험천만한 것이었다. 서구 동맹국들은 폐허가 되거나 허약해져 있었고, 대서양 너머 소비에트 러시아와 태평양 너머 공산 중국이라는 자신보다 훨씬 인구가 많고 인명 희생에도 둔감한 적국들이 있었다. 인구가 적은 미국이 홀로 이들 국가에 맞설 수 있는 방법은 오직 무기의 정밀도와 파괴력을 높이는 것뿐이었다.

초창기 반도체 산업을 이끈 곳도 AT&T와 RCA였다. AT&T의 '벨 연구소'와 RCA의 '사르노프 연구소'는 각각 통신과 TV 연구를 위해 세워진 민간 연구소였지만 독점이윤을 누리는 모기업의 지원을 받으며 마치 대학 연구소같이 창의적으로 연구했다. 미국 국방부도 이들 연구소에 자금을 대며 새로운 반도체 개발을 적극 독려했다.

이들 기업의 독보적인 기술력과 시장지위는 미 법무부의 반독점 심사를 받게 되었다. 1958년 미 법무부는 RCA, AT&T, IBM이 보유한 특허를 무료로 공개하도록 하였다. RCA의 기술은 공개되었지만 미국의 경쟁기업들은 TV를 만들기보다는 복제 부품을 만들어 파는 데 치중했다. RCA도 미국 기업보다는 기술이전 로열티를 받을 수 있는 유럽과 일본 기업들에 기술을 팔았다. 바다 건너 일본에서는 신생 기업들이 무럭무럭 자라났다.

RCA는 독과점 시비를 벗어나기 위해 비관련 다각화에 열중했다. IBM의 성공에 고무받아 컴퓨터 산업으로 진출하였고, 식품, 렌터카,

카페트 등의 기업을 매수해 복합 거대 그룹으로 발전코자 했다. 그러나 컴퓨터에서의 고전과 문어발식 기업 인수는 RCA의 자금을 고갈시켰고 결국 일본 기업과의 경쟁에서 실패하는 원인이 되었다. 비디오카세트리코더 개발에 실패한 것이다.

미 법무부의 특허 개방 조치는 새로운 기업을 성장시키지 못했고 RCA가 무너지자 미국의 소비자가전 산업이 통째로 무너졌다. 만일 RCA가 비관련 다각화를 하지 않고 TV와 관련된 본연의 영역에 더욱 집중했다면 소비자가전 산업의 제왕은 여전히 RCA일지 모른다. 하지만 RCA는 전략적 실수를 거듭했고 이는 미국 소비자가전 산업 전체를 파괴하였다.

하지만 벨 연구소와 사르노프 연구소의 기술은 사장되지 않았다. 바다 건너 이들의 기술을 유심히 살펴본 자들이 있었으니 바로 일본인들이다.

3. 일본의 세계 제패: 모방과 창조 (上)

일본에서는 1960년대 들어 미국 기업들의 세례를 받은 수많은 기업들이 일어났다. 이들은 미국의 AT&T, RCA, IBM, XEROX 등 소위 전자·컴퓨터업계의 4대 천왕을 모방하며 성장하였고 그중 마쓰시타, 산요, 도시바, 히타치 등은 미국 기술 모방과 마케팅을 중시하는 전형적인 대기업 성장 경로를 따랐다. 예를 들어 마쓰시타와 그 자매회사인

산요 연합은 소니·필립스 연합과 비디오카세트리코더 표준 경쟁이 벌어졌을 때, 마케팅과 유통채널에서 발군의 실력을 발휘하며 세계 표준을 장악한 것이다.

다른 한편에서는 창의적 기업가군이 있었다. 이들은 모두 1960년대 AT&T와 RCA가 발명하고 군수 목적으로 이용된 반도체들을 상업적으로 개발해 냈다. 이런 기업군 가운데는 캐논과 카시오, 세이코, 야마하 등이 있고, 그중에서도 선두주자는 소니와 샤프였다. 이 두 회사는 제품 전 라인업을 생산하는 대기업으로 성장하였다. 이들 회사는 창조적 기업가와 발명가들로 넘쳐 났고 위험을 감수하며 기민하게 움직였다. 이들이 어떻게 세계 소비자가전 시장을 제패하게 되었는지 알아보자.

1) C-MOS 칩: 수정 손목시계와 계산기

1960년대 전자시계 시장은 미국의 불로바(Bulova)가 주도하였다. 전기로 움직이는 소리굽쇠(Tuning fork)를 사용하는 애큐트론(Accutron)이라는 시계는 한 달에 오차가 1분 수준으로 이는 당시 기계식 시계에 비해 엄청나게 정확한 것이었다. 그러나 이보다 더 좋은 소재가 이미 알려져 있었다.

1922년 RCA의 월터 캐디(Walter Cady)란 엔지니어는 수정 결정(Quartz crystal)에 전기 펄스를 가하면 훨씬 더 안정적으로 진동한다는 사실을 발견했다. 수정 결정의 문제점은 전력 소비가 과도하다는 것이고 이를 해결하기 위해 전기를 덜 소모하는 C-MOS 칩을 개발해야 했다.

  당시 일본 기업이 만든 전자시계는 싸구려 이미지를 벗어나지 못했다. 형광판에 아라비아 숫자를 직접 보여 주는 방식의 손목시계는 스위스 장인들이 만든 시계가 주는 가치와는 도저히 비교될 수 없는 것이었다. 시계는 단순히 시간을 알려 주는 기구가 아니라 그 사람의 부와 지위, 취향을 나타내는 고급 장신구와 같은 역할을 한다.

  세이코는 수십 명으로 구성된 연구개발팀을 몇 년 동안 운영해야 C-MOS 칩 개발이 가능하리라 생각했다. 이때 RCA 출신의 장 훼르니가 나타났다. 훼르니는 C-MOS 칩 연구개발 자금을 얻어 내기 위해 스위스의 시계업자들을 찾아갔지만 반도체를 이해하지 못한 장인 출신 경영자들로부터 거절당했다. 낙담한 훼르니는 일본으로 날아가 세이코와 계약하였고, 세이코는 훼르니의 도움을 받아 1971년 11월 C-MOS 칩을 처음으로 출하하였다.

  세이코의 수정(Quartz crystal) 손목시계는 세계 손목시계 시장을 강타하였다. 기계식 시계는 물론, 기존 전자시계보다도 훨씬 정확하였고 디자인도 미려하고 무엇보다 값이 쌌다. 게다가 1974년 세이코는 자신들의 특허권을 수많은 일본 기업들에게 라이선싱 해 주었다. 일본의 시계 기업들은 세계 시계 산업의 주도 세력으로 부상했다. 1970년대 말 저렴한 수정 손목시계에 힘입어 세계 시계 수요는 두 배로 늘어났고 수백 년 전통의 스위스 가내수공업은 몰락해 갔다.

1960년대까지 계산기는 타자기만 한 크기에 계산 결과를 진공관 형광등으로 보여 주는 방식이었다. 거추장스러운 고가의 제품을 사기보다는 중국의 주판을 능숙하게 다루는 회계원을 두는 것이 훨씬 싸고 일 처리도 신속하던 시절이었다.

1970년대 초 탁상용 계산기 시장에도 전쟁 같은 경쟁이 벌어졌다. 계산기 시장에 뛰어든 업체는 줄잡아 60개가 넘었다. 계산기를 상용화하기 위해서는 저전력 C-MOS 칩과 저전력 디스플레이 기술을 개발하는 것이 필요했다.

샤프는 디스플레이 기술에서 선구자였다. 샤프는 진공관 형광 디스플레이를 응용해 C-MOS 칩만큼 전력 소비량이 적은 액정 디스플레이(LCD)를 선보였다. 샤프는 태양전지를 개발해 계산기 안에 내장하였고, 이로써 건전지조차 필요하지 않은 탁상용 계산기를 만들어 냈다. 그 중심에는 '로켓 사사키'란 별명으로 일본 엔지니어의 전설로 불리는 사사키 다다시가 있었다.

계산기 전쟁에서 포연이 걷혔을 때 살아남은 회사는 4개에 불과했다. 일본의 샤프와 카시오, 미국의 텍사스인스트루먼트와 휴렛팩커드뿐이었다. 계산기 생산 대수는 1980년 1억 2천만 대에 달했고, 일본 회사가 이 가운데 절반을 차지했다.

수정 손목시계와 계산기용 칩은 대량으로 생산된 세계 최초의 C-MOS 제품이었다. 1985년 엡슨과 합병한 세이코엡슨은 미국의 자일링스, 래티스 세미컨덕터, 사이러스 로직 등 수많은 팹리스 회사들에게 C-MOS 칩을 공급해 주었다. 샤프는 자일링스의 라이벌 업체인 알테라에게 파운드리를 제공하였다. 인텔은 C-MOS 칩을 이용해 세계 최초로 DRAM을 발명하였다. 그리고 C-MOS 칩은 세이코, 샤프에게 엄청난 현금을 가져다주었다.

2) LCD: 세이코와 샤프

1968년 5월 RCA는 액정 디스플레이 TV(Liquid Crystal Display TV)를 처음으로 공개하였다. RCA 경영진은 미래의 TV는 브라운관이 없이 노트처럼 얇은 것이 될 것이라고 선언하였다. 그러나 LCD를 광폭으로 만드는 것이 불가능하게 여겨지자 고위 경영진은 LCD를 상업화하는 데 무관심해졌다. 결국 RCA의 LCD 연구팀은 뿔뿔이 흩어졌다.

샤프는 RCA에게 LCD의 라이선스 비용으로 약 300만 달러를 지불했다. 1970년대 계산기 사업으로 돈을 번 샤프는 무려 2억 달러를 LCD에 투자했다. 과학사에 있어 전혀 다른 곳에서 동일한 연구가 이루어지기도 하는데 바로 LCD가 그런 경우다. 세이코는 호프만 라로슈로부터 라이선스 받은 기술을 토대로 얇은 나선형 LCD를 독자적으로 개발했다. 샤프가 LCD를 계산기에 쓰고자 했다면 세이코는 LCD를 토대로 손목시계 TV를 만들고자 했다.

1983년 5월 세이코의 모로즈미 신지는 도쿄에서 기자회견을 열어 그들이 만든 소형 TV를 발표했다. 15년 전 RCA가 원했던 LCD TV를 세이코가 개발해 낸 것이다. 세이코는 마침내 세계 최초의 상용화된 휴대용 컬러텔레비전을 1984년 마이채널(My Channel)이라는 이름으로 시장에 내놓았다. 세이코가 휴대용 LCD TV를 선보이자 경악한 마쓰시다와 도시바, 히타치 등 대기업은 경쟁적으로 자체개발에 들어갔다.

TV 유통망을 가지지 못한 세이코가 LCD 제품의 상업화에 성공하려면 다른 출구가 필요했다. 대량생산을 통해 가격을 내려야 하기 때문이다. 그러기 위해서는 LCD를 부품으로 사용할 수 있어야 했다.

첫 번째 제품은 사무용 빔프로젝터에 쓰이는 광관(Light valve)이었다. 두 번째는 비디오카메라의 전자 뷰파인더에 LCD를 채용한 것이다. 세이코는 소니를 비롯해 내로라하는 비디오카메라 메이커들이 자체적으로 LCD 뷰파인더를 개발할 때까지 이 시장을 지배했다. 세 번째는 팩시밀리에 쓰이는 이미지 판독기였다. 이 부품은 팩스로 보낼 종이에 담겨 있는 내용은 무엇이든 전자신호의 형태로 바꿔 준다.

세이코는 전자식 프린터 업체인 엡손과 합병하였다(1985년, 세이코엡손). 세이코엡손은 엡손의 사무용품 시장에서의 지위와 LCD 기술을 이용하여 사무용 전자기기업계의 선두가 되었다.

*

　샤프는 액정 디스플레이를 장착한 계산기를 1973년 4월 시장에 출시하였고, 1983년 마침내 EL(Electroluminescence, 전계발광) 평판 디스플레이를 대량생산 하는 데 성공하였다. 박막 트랜지스터를 LCD에 적용하는 것은 불가능하다고 모두가 고개 저을 때 샤프의 사사키 다다시는 놀라운 창의성을 발휘하여 문제를 해결해 냈다. 같은 해 NASA는 우주왕복선의 항법시스템에 샤프의 디스플레이 방식을 채용할 것이라고 발표했다. 세계는 또 한 번 샤프의 기술력에 놀랐다.

　샤프는 신제품의 대량생산을 통해 1990년대 중반 세계 LCD 시장의 40%를 점유하였다. 샤프의 LCD 뷰캠이 장착된 비디오 캠코더, LCD 터치스크린 방식의 휴대용단말기 그리고 디지털 스틸 카메라는 1990년대를 휩쓴 진정한 히트 상품이었다. 그리고 무엇보다도 노트북 컴퓨터 시장을 개척하였다.

　1990년대 중반 소니와 더불어 세계 소비자가전 업계를 리드하던 샤프는 불행히도 지금 사라지고 없다. 샤프를 세계 전자업계의 지배자로 밀어 올린 것이 LCD였다면, 샤프를 멸망으로 이끈 것도 LCD였다. 2000년대 중반 샤프는 대규모 LCD 설비투자를 단행하였으나 급작스러운 엔고로 거액의 손실을 기록하며 회복 불능 상태로 들어간 것이다. '로켓 사사키'가 이끌던 혁신의 아이콘 샤프는 2016년 대만의 폭스콘에 인수되며 그 조종을 울렸다.

3) CCD: 소니의 도전

AT&T의 오랜 소망은 픽처폰을 개발하는 것이었다. 벨 연구소에서 CCD 이미지 소자를 개발하여 1971년 세계 최초의 흑백 픽처폰을 만들어 냈지만 시장의 반응은 의외로 회의적이었다.

전하 결합 소자(Charge-coupled device, CCD)는 일종의 반도체 눈으로 전기를 적게 소모하고 저조도(Low light) 환경에서도 잘 작동하였다. 야간 정찰 목적으로 제격이었고 크루즈 미사일 등 군사용으로 유용했다. 그러나 상업용으로 쓰이기 위해서는 대량생산에 의한 가격 인하와 컬러화가 필수적이었다. 벨 연구소 엔지니어들은 해군에 연구 개발 지원을 요청했으나 흑백 CCD에 만족한 해군은 전혀 관심이 없었고, AT&T 경영진도 픽처폰 개발에 이미 5억 달러를 탕진하여 더 이상 투자할 의사가 없었다.

소니의 3대 사장 이와마 가즈오는 1973년 컬러 CCD 개발에 명운을 걸기로 한다. 10년이 넘는 기간 동안 엄청난 비용과 회사 내 반대 의견에도 불구하고 컬러 CCD 개발을 밀고 나갔다. 소니가 완전히 새로운 형태의 라디오를 만들기 위해 트랜지스터를 개발했듯이 이제는 완전히 새로운 형태의 카메라를 만들기 위해 CCD에 투자하였다.

"칼은 부러지고, 화살도 떨어져" 패잔병의 신세와도 같아진 세월을 넘어 착수 5년 만인 1978년 3월 소니는 최초의 실용적인 CCD 카메라를 만드는 데 성공했다. 1982년 초 소니는 10년 만에 세계 최초의

CCD 반도체 생산라인을 준공했다.

소니는 1985년 1월 CCD를 채용한 첫 번째 8밀리 캠코더를 선보였다. 힘 좋은 성인 남성이 어깨에 메고 다니던 비디오카메라가 이제 사람들의 손안으로 들어왔다. 소니가 시장을 독점한 지 1년 만에 마쓰시다 계열의 JVC가 VHS-C 캠코더를 내놓았고, 샤프도 CCD 생산에 뛰어들었다. CCD 소자와 캠코더 시장은 그 후 이들 세 회사에 의해 사실상 과점되었다.

CCD는 1990년대 중반 디지털 스틸 카메라 시장을 탄생시켰고 소니를 카메라 업계 1위의 자리로 밀어 올렸다. 일본의 소비자가전 회사가 독일의 광학기기 산업에 완승을 거둔 것이다. 이제 캠코더와 디지털 카메라 시장은 사라졌고 그 기능이 모두 스마트폰으로 들어왔지만 세계 이미지센서 시장의 절반 이상이 여전히 소니 제품이다.

4) 반도체 레이저: 광통신, 개인용 복사기, CD플레이어

벨 연구소의 모튼 패니시와 하야시 이즈오는 1970년 반도체 레이저 소자를 제조하는 데 필요한 공정 기술의 개발에 핵심적인 역할을 했다. 이 레이저 소자는 우연히 같은 해 미국 코닝사가 개발한 신호 손실이 적은 유리섬유와 함께 광통신의 가능성을 보여 주었다.

벨 연구소는 광통신 기술의 개발을 즉시 추진하지 않았다. 모기업인 AT&T가 기존에 추진하던 새로운 통신방식(millimeter waveguide)

의 기술에 너무 많은 돈을 투자했기 때문이었다. 밀리미터 웨이브가이드에 대한 비판론자 가운데 한 명이던 벨 연구소의 구로카와 가네유키는 반도체 레이저를 이용한 광통신의 가능성을 확신하였고 세계 최초의 광통신 테스트베드 프로그램이 성공하자 AT&T 경영진에게 개발 지원을 설득하였다. 그는 주저하는 AT&T 경영진에 실망하여 1977년 일본으로 향했다. 후지츠로 회사를 옮긴 것이다. 하야시 이즈오도 이미 오래전인 1971년 NEC의 연구소로 옮겼다. 일본 대기업 세계에 반도체 레이저 실용화를 위한 경쟁이 시작되었다.

1983년 AT&T 역사에 수모에 가까운 일이 일어났다. 대서양을 횡단하는 최초의 광섬유 해저 케이블 공사를 2억 5천만 달러에 수주했지만 AT&T에는 사업 역량이 없었다. AT&T는 일본 히타치에게 SOS를 쳤다. 히타치 중앙연구소는 1984년에 수명이 100만 시간을 넘는 반도체 레이저를 개발하는 데 성공했다.

*

캐논은 애초 독일 라이카를 이기기 위해 만든 카메라 회사였지만 1970년부터 복사기도 만들고 있었다. 캐논의 임원들은 히타치 연구소에서 만든 수명이 긴 반도체 레이저를 보고 흥분했다. 이 반도체 레이저 소자는 아주 작았고, 전력 소모도 거의 없었으며, 다른 반도체와 마찬가지로 가격도 아주 저렴했다. 캐논은 개인용 복사기를 만들기로 결정했다.

최초의 개인용 복사기는 1982년에 출시됐다. 휴렛팩커드 프린터 사업부 사람들은 캐논의 시제품에 매료되었고 캐논과 휴렛팩커드는 공동 사업을 시작했다. 캐논은 엔진 공급과 프린터 제작을 맡고, 휴렛팩커드는 이 프린터를 구동할 소프트웨어의 개발을 맡았다. 커다란 방 한 칸을 차지하던 제록스의 건식 복사기는 이제 냉장고만 한 크기로 줄어들었다.

이 제품은 나오자마자 완전히 새로운 시장을 창출했다. 제록스는 쓰디쓴 패배감을 맛보았다. 제록스는 대규모 기업 고객을 상대로 한 영업에 젖어 있다 보니 개인들이 조그만 사무실에 프린터를 가져다 놓고 싶어 하는 이유를 알지 못했다. 이제 그 레이저젯은 사무실 책상 위에 놓일 정도로 작아졌다.

*

GE 전자연구소의 밥 홀은 초당 최고 50억 회전의 주파수로 진동하는 갈륨비소 터널 다이오드의 샘플을 만들어 냈다. 그는 미 국방부 사람들에게 새 발광다이오드(LED)의 통신장비로서의 가능성을 보여 주고자 했다. 30마일 밖의 산에서 빛으로 텔레비전 신호를 보낼 수 있는 새로운 방식이었지만 한계도 분명하였다. 비가 오거나 흐린 날씨에는 작동하지 않아 전장에 쓰는 데는 문제가 있었기 때문이다.

GE 연구진은 1962년 말 특허를 신청하고 1966년에 특허권을 얻을 수 있었지만 누구도 레이저 다이오드를 응용할 만한 제품을 생각해 내지 못했다. 일본의 소니와 네덜란드의 필립스가 달려들었다.

　비디오카세트리코더 표준 전쟁에서 패한 소니는 절치부심하며 필립스와 연합전선을 펼치며 신제품 개발에 명운을 걸었다. 소니에서 컴팩트디스크 개발을 책임지고 있던 나카지마 헤이타로는 디지털 오디오 분야의 개척자였다. 소니는 1982년 10월 워크맨의 뒤를 이은 휴대용 CD플레이어 '디스크맨(Discman)'을 출시하였다. CD플레이어가 시장에 출현하자 대기업인 히타치, 마쓰시다, 미쓰비시전기, NEC, 도시바, 샤프도 경쟁적으로 뛰어들었다. CD플레이어 시장이 비상을 시작했다.

4. 전편을 마무리하며

　벨 연구소에서는 트랜지스터의 발명은 물론 반도체 제조의 기본적인 공정 대부분과 반도체 레이저 기술, CCD 카메라 등을 개발했다. RCA에서도 C-MOS 기술을 포함해 LCD, 박막 트랜지스터, 태양전지 기술 등을 발명하였다.

　이들의 수많은 발명에 힘입어 휴대용 계산기와 수정 손목시계, LCD TV, 캠코더, 디지털카메라, 광통신, 개인용 복사기, CD플레이어 등이 개발될 수 있었다. 오늘날 수조 달러의 시장으로 성장한 이 같은 획기적인 발명들을 미국 소비자가전 산업이 제대로 이어 가지 못한 것은 미국 산업사의 비극이라 할 수 있을 것이다.

신기술의 상업적 성공은 전적으로 일본 기업들이 창조해 낸 것이다. 이 성공은 1990년대 일본을 1인당 GDP 세계 1위로 밀어 올렸다. 성공의 중심에는 항상 기술자들이 있었다. 반도체에 인생을 건 샤프의 사사키 다다시, 세이코의 모로즈미 신지, 소니의 이와마 가즈오 등이 그들이다. 이들은 일본의 시스템 반도체 산업을 더 이상 모방자가 아닌 창조자로 재탄생시켰다.

후편에서는 일본의 창조적 발명들을 좀 더 살펴보고 서론에서 제기한 미·일 공조 속에 진행되는 엔저가 전자산업 내 다이내믹스에 어떤 영향을 줄지 조망해 보도록 하겠다.

2. 일본 경제의 부활을 경계하며
(후편)

일본 경제의 부활을 경계하며

김명수

1. 일본의 세계 제패: 모방과 창조 (下)

일본에는 수많은 반도체 회사들이 있었다. 지금은 모두 사라졌지만 DRAM을 생산하는 대기업들, 즉 마쓰시타, NEC, 후지츠, 히타치, 미쓰비시, 도시바의 Big 6가 있었고, 상업용 시스템 반도체를 생산하는 소니, 샤프, 세이코, 카시오, 캐논 등이 있었다. 산요도 대기업이지만 태양전지 반도체를 개발해 이 대열에 합류했다.

한편 반도체 업계에는 대기업만 있는 것이 아니었다. 변방의 전혀 엉뚱한 기업들이 나타나 신제품을 선보이고 시장을 석권한 경우도 허다하다. 이제 이런 기업들의 스토리를 알아볼 차례다.

1) FM chip을 독점한 야마하

1967년 스탠퍼드 대학의 존 차우닝(John Chowning)이 발명한 것은 복잡한 소리를 간단한 방식으로 내 주는 FM신시시스(Frequency

Modulation Synthesis: 주파수 변조 합성)였다. 벨 연구소의 '음향 및 행동 연구 부서'는 차우닝을 불러 그가 발명한 컴퓨터 음악을 들었다. 벨 연구소는 차우닝에게 특허권 신청을 권했다. 그러나 벨 연구소의 관심은 거기까지였다.

스탠포드대의 특허 담당관은 차우닝을 위해 전자오르간 메이커들과 접촉했다. 그 첫 번째는 미국의 해먼드 오르간(Hammond Organ)이었다. 해먼드는 당시 전자오르간의 대명사가 될 정도로 유명한 회사였다. 그러나 해먼드는 외부 기술에는 전혀 관심이 없었다. 이때 일본의 신생 오르간 메이커인 야마하가 손을 내밀었다.

오르간 수리업으로 사업을 시작한 야마하는 1959년 야마하 최초의 전기 오르간 제품을 선보였다. 전자오르간 개발팀을 이끌던 모치다 야스노리는 미국 수입품인 해먼드와 경쟁하기를 원했다. 그러기 위해서는 새로운 FM칩이 필요했다.

모치다는 반도체 대기업들을 찾아다니며 FM칩을 만들어 줄 수 있냐고 물었지만 도시바와 같은 대기업도 반도체사업을 하지 않던 초창기였다. 이제 직접 하는 수밖에 없었다.

모치다는 1969년 대졸 신입사원 여섯 명으로 개발팀을 구성하고 도후쿠대학의 괴짜 교수 니시자와 준이치(1926~2014)를 찾아갔다. 니시자와는 1949년 23살의 나이에 초음파에 쓰이는 PIN 다이오드를 발명한 천재 과학자였다. 그러나 걸핏하면 협업하던 기업을 비난하고 소송을 일삼는 다루기 힘든 괴짜였다.

어린 엔지니어들은 도후쿠대학교로 파견되어 기술을 배웠다. 야마하의 어린 엔지니어들에겐 니시자와 선생님은 예수님과 같은 존재였다. 괴짜 교수의 가르침을 어린 제자들은 스폰지처럼 흡수했다. 제조기술은 미국 포드의 자회사인 필코(Philco)를 통해 이전받기로 했다. 어린 엔지니어들은 개발을 시작한 지 18개월 만에 IC를 자체적으로 설계했다. 이들은 샤프나 세이코에 결코 뒤지지 않는 시점인 1971년 하마마쓰 공장에서 FM칩의 대량생산을 시작했다.

차우닝도 새 FM칩을 바탕으로 야마하의 첫 시제품을 생산하기 위해 합류했다. 야마하는 핵심 생산 장비인 스테퍼를 일본 기업으로선 서너 번째로 구입할 정도로 첨단 생산기술 개발에 투자를 아끼지 않았다. 1978년 FM칩 50개를 병렬한 야마하의 첫 번째 시제품 GX-1이 출시되었다.

GX-1 출시 후 무려 5년의 산고 끝에 야마하는 1983년 완전히 새로운 FM칩을 내장한 신디사이저 DX-7을 출시했다. DX-7은 미국의 동급 악기에 비해 가격이 절반인 2,000달러에 불과했다. DX-7은 무려 20만 대나 팔리며 당시까지 출시된 신디사이저 가운데 사상 최대의 판매고를 기록했다. 야마하는 순식간에 세계 전자 건반악기 산업의 선두가 되었다.

부품 수요자들도 나타났다. 세가와 발리 등 아케이드 게임업체가 FM

칩의 첫 번째 고객이 되었다. FM칩이 채용된 아케이드 게임(상업시설에 설치된 전자오락을 말함)은 지루하기만 하던 게임에 역동적인 사운드를 입혀 청소년들을 열광시켰다. 아케이드 게임기용 FM칩은 곧이어 IBM이 1986년 선보인 PS/2(Personal System/2, 개인용 컴퓨터)에 장착할 수 있는 사운드보드에 내장됐다. 수백만 개의 사운드보드가 팔려 나갔다.

1990년대 중반 야마하는 세계 FM칩의 독점업체로 자리 잡았다. 기껏해야 악기상이나 모터사이클 제조사로 알려진 야마하는 사실 일본 최고 수준의 반도체 회사다. FM칩의 특허권이 풀린 지금도 야마하는 여전히 수십억 달러 세계 사운드카드 시장의 선두주자다.

2) LED를 상업화한 스탠리전기

1962년 GE연구소의 닉 홀로니악(Nick Holonyak Jr.)은 가시 적색광을 방출하는 발광 다이오드(Light Emitting Diode, LED)를 개발하였다. 그러나 GE는 이 LED가 백열전구의 뒤를 이을 미래의 제품이란 점을 믿지 않았다. 1960년대의 LED는 붉은색뿐이었고 백열전구에 비해 밝기가 100분의 1에 불과했다. GE의 무관심 속에 홀로니악은 1963년 일리노이 공대로 옮긴 후 업계로 돌아오지 않았다.

몬산토의 연구진은 홀로니악의 실험을 보고 놀랐다. 몬산토는 원래 비료를 생산하는 화학업체였고 자체적으로 인 광산을 가지고 있었다. 인은 LED의 소재인 갈륨비소인 웨이퍼의 원재료였다. 당시 새롭게 떠오르던 반도체 분야에서 사업기회를 엿보던 몬산토는 LED 개발에 착수한다.

그러나 벌크로 생산해 대단위로 납품하는 데 익숙하던 화학업체 몬산토가 소형 칩을 생산해 판매한다는 것은 경영진 입장에서 탐탁지 않았다. 게다가 LED 시장은 경기변동과 기술변화에 노출되어 있었다. 휴대용 계산기 시장에서 LED가 액정 디스플레이(LCD)에 밀리며 시장이 40%로 쪼그라든 것이다. LED 시장에서 GE와 몬산토는 철수하였다. 이때 일본의 무명 회사 스탠리전기가 나타났다.

스탠리전기는 자동차용 전구 제조업체였다. 만일 빛을 내는 더 나은 방법이 나온다면 우리는 어떻게 될 것인가? 자동차 램프용 텅스텐 전구 생산이 전부인 우리도 망할 것이다. 스탠리의 데시마 도루는 1969년 외부 전문가를 찾아갔다. 이번에도 도후쿠 대학의 니시자와 박사였다.

당시 일본 내 LED 경쟁에서는 도시바가 가장 앞서가고 있었다. 도시바 연구원들은 벨 연구소에서 갈륨인 기술을 배우고 돌아왔고, 마쓰시타와 NEC, 산요, 샤프와 같은 다른 대기업들도 몬산토 기술에 기초해 LED를 만들고 있었다. 스탠리의 데시마는 초조했다.

니시자와에 대한 데시마의 믿음은 1973년 마침내 결실을 맺었다. 새로 건설한 거대한 용광로에서 처음으로 만들어진 일단의 소자를 접속하자 정말로 붉은 빛이 났다. 이로부터 3년간 기술을 갈고닦아 세계에서 가장 밝은 적색 LED를 생산해 냈다. 사람들은 그래도 도시바나

마쓰시타의 램프가 더 밝을 것이라고 생각했다. 스탠리는 자체 생산한 LED를 1976년 로스앤젤레스 무역박람회에 출품했다. 대기업 제품들과 나란히 전시된 스탠리 제품이 훨씬 더 밝게 빛났다. 스탠리의 완승이었다.

스탠리는 LED를 응용해 오디오에 사용하는 그래픽 이퀄라이저를 개발해 냈다. LED는 음악에 맞춰 스스로 커졌다, 작아졌다 하며 춤추듯 움직였다. 새로운 이퀄라이저가 마치 숨 쉬는 동물처럼 생동감을 보이자 시장에서 선풍적인 인기를 얻었다. 1970년대 등장해 세계를 놀라게 한 닛산의 스포츠형 쿠페 '페어레이디'의 후면 브레이크등에도 스탠리의 제품이 달렸다.

그러나 LED가 전구를 완전 대체하려면 반드시 하얀색을 낼 수 있어야 한다. 빨간색만으론 부족하고 3원색인 초록과 파랑이 필요하다. 초록색은 금방 개발되었지만 청색은 수많은 과학자들의 도전에도 불구하고 도달 불가능한 성배(聖杯)였다. RCA, 마쓰시타, 휴렛팩커드 등 대기업 연구원들의 노력에도 불가능하다고 여겨졌던 때, 생각지도 못한 변방의 무명 연구원이 청색 LED를 만들어 냈다. 닉 홀로니악의 발명 후 25년 만의 일이다.

3) 노벨상에 빛나는 청색 LED

최초로 청색 LED를 만든 사람은 RCA의 자크 판코브다. 그는 1971년 질화갈륨 반도체로 청색을 포함한 다양한 색깔의 LED를 만들어 냈다. 시장조사가 시작되었고 마케팅 부서의 사람들은 다양한 색깔은 필요하지 않고 더 값싼 LED를 원한다는 답을 했다. RCA 경영진은 연구중단을 지시했다.

니치아(日亞)화학은 일본의 4개 본섬 중 가장 작은 시코쿠의 작은 도시 아난에 있는 형광물질 제조기업이었다. 니치아는 형광등에 코팅하는 새로운 인산칼슘 물질을 제조하여 대기업에 납품하는 사업을 영위했다. 외국 기술을 라이선싱 받는 대기업과 달리 독자개발노선을 견지한 니치아의 형광물질이 타사 제품보다 20%나 더 밝았다.

니치아는 사업을 확장해 1971년 컬러 텔레비전의 브라운관 안쪽에 코팅하는 적청록(赤靑綠)의 3색 형광물질을 생산하게 됐다. 이 같은 새로운 시장으로의 진출은 대성공이었다. 니치아는 이를 계기로 일본 국내시장의 50%와 세계시장의 25%를 차지할 수 있었다.

나카무라 슈지는 지방대학 전자공학과를 졸업한 후 자신의 고향을 떠나기 싫어 1979년 4월 당시 중소 화학업체이던 니치아에 입사했다. 니치아의 창립자이자 사장인 오가와 노부오는 나카무라 혼자 자유롭게 연구하도록 내버려 두었다. 나카무라는 1인 연구실을 차리고 혼자 LED를 연구하기 시작했다.

오가와는 나카무라가 원하는 지원을 해 주었다. 기계를 사 주고, 플로리다 대학으로 유학을 보내 주고, 몇백만 불에 달하는 예산을 배정하고 산학 연계 프로그램도 주선해 주었다. 나카무라는 오랜 도전 끝에 1992년 9월 어느 날 질화갈륨 반도체로 파란색 빛을 내는 데 성공했다. 1993년 초 나카무라는 이 반도체 구조를 성장시켜 지금까지 나온 그 어떤 청색 LED보다 100배는 더 밝고, 스탠리전기의 적색 LED와 견주어도 떨어지지 않을 청색 LED를 생산해 냈다. 니치아에 입사 후 15년 만의 일이다. 세계 산업계는 물론 물리학계도 놀랐다. 나카무라 슈지는 어느 대학 박사지?

청색 LED는 저장장치에도 혁신을 가져왔다. 청색 레이저를 먼저 개발하는 회사가 광학 데이터 저장기술의 미래를 선점할 수 있었다. 광학 디스크가 저장할 수 있는 정보의 양은 레이저 빛의 파장에 따라 결정된다. 파장이 짧을수록 레이저 빛을 쏘아 읽어 내는 디스크 표면의 구멍은 작아지고 디스크 크기도 작아진다. CD플레이어에 적색 레이저를 쓰면 디스크 한 장에 74분짜리 베토벤 교향곡 '합창' 1곡만 담을 수 있는 데 반해, 청색 레이저를 쓰면 베토벤의 교향곡 1번부터 9번까지 모두 담을 수 있었다.

2014년 나카무라 슈지는 역사상 최초의 학사 출신 노벨 물리학상 수상자가 되었다. 그는 지금 미국 대학에서 정교수로 근무하고 있다.

4) 일본 소비자가전 산업의 세계 제패

1988년 RCA는 프랑스의 국영 전자기업 톰슨에게 인수되며 미국의 소비자가전 산업은 막을 내렸다. 톰슨은 프랑스의 미테랑 사회당 정부가 1982년 국가적 프로젝트로 시작한 공기업이다. 유럽의 전자회사들을 대거 M&A하며 사세를 확장해 갔으나 1990년대 들어 매년 수십억 프랑의 적자를 기록하며 사실상 운영 불가 상태에 들어갔다.

 2차대전 후 살아남은 유럽의 유일한 소비자가전 기업 필립스도 마찬가지였다. 한때 네덜란드 아인트호벤에 RCA와 소니에 견줄 만한 연구소를 가지고 있었고 소니와 연합하여 CD플레이어에서 대성공을 거두었던 필립스는 후속작 개발에 실패하며 1990년 27억 달러에 이르는 사상 초유의 적자를 기록한다. 필립스는 본사를 암스테르담으로 옮기고 조명기기와 의료기기 전문업체로 탈바꿈한다. 유럽의 소비자가전 산업은 아인트호벤에 그 잔해를 남기며 종말을 고했다.

 1990년대 중반 일본은 세계시장을 제패한다. 오직 일본 기업만이 과거의 제품으로부터 얻은 이익을 새로운 제품을 개발하는 데 투자할 수 있었다. 오직 일본 기업만이 필수적인 소재, 부품, 장비, 서비스의 전(全) 밸류체인을 완성했다. 오직 일본 기업만이 도쿄, 오사카 일대에 광대한 연구개발 협력 네트워크를 운영하고 있었다.

2. 일본 소비자가전 산업의 몰락

 몰락의 시작은 2007년 출시된 애플의 '아이폰'이었다. 통신 기능에 주력하고 간단한 스냅사진만 촬영할 수 있던 휴대폰에 미국이 전후 60년 동안 축적해 온 컴퓨팅 기술이 적용된 것이다. 아이폰은 휴대폰이 아니었고 내 손안의 컴퓨터였다.

아이폰에는 일본이 전후 60년 동안 축적해 온 소비자가전 기술의 결정체가 모두 적용되었다. 소니의 이미지센서, 세이코의 저전력 C-MOS 기술, 샤프의 TFT-LCD와 터치스크린 기술, 스탠리전기와 니치아화학의 LED, 야마하의 FM칩, 파나소닉의 배터리 등이 모두 적용되었다.

문제는 아이폰의 출현이 당시 일본이 주름잡던 거의 모든 시장을 삼켜 버렸다는 것이다. 비디오캠코더와 디지털스틸카메라 시장이 사라졌다. 시계는 다시 스위스의 명품업체들에 주도권을 내주었다. 아이폰에서 음원과 VOD(Video on Demand, 유튜브) 서비스가 가능해지자 오디오, CD플레이어, DVD플레이어는 물론이고 저장장치 수요도 한꺼번에 사라졌다.

그보다 더 무서운 변화는 미세화 공정 경쟁의 시작이었다. 개인용 컴퓨터가 책상 위에 있을 때는 IBM PC나 중소기업의 클론 제품(복제품)이 주는 가치가 비슷하였다. 사람들은 더 얇고 가볍고 멋진 탁상용 IBM PC에 지갑을 열지 않았다. 기능만 비슷하면 값싼 클론 제품이 더 인기였다. PC를 제조하는 미국의 거대기업이 하나둘씩 사라져 갔다.

그러나 컴퓨터가 내 손안으로 들어오자 더 얇고 가볍고 오래 가는 스마트폰의 인기가 수직 상승하였다. 스마트폰은 장신구처럼 자신을 표현하는 수단이 되었다. 소비자들은 1~2년 주기로 신제품이 나올 때마다 새 스마트폰의 두께와 무게, 화면과 성능에 감탄하며 줄 서서 경쟁하듯 지갑을 열었다. 스마트폰이 가볍고 오래 가기 위해서는 30나노, 20나노, 10나노, 더 가늘게 회로를 만들어야 했다.

　새로운 시스템 IC를 개발하는 것보다 소형화, 저전력화의 미세화 공정에 집중하는 것이 확실한 기업 성공의 길이었다. 기업에게 새로운 시스템 IC 개발투자가 먼 훗날 받을 어음이라면, 미세화 공정 프로젝트는 당장의 현찰이었다. 전자(前者)가 일본의 전공이라면 후자(後者)는 한국과 대만의 장기다. 아니, 후자도 일본의 영역이긴 하나 1985년부터 시작된 미국의 대일본 반도체 제재가 미세화 경쟁 참여를 두려워하게 만들었다.

　한국은 살벌한 메모리 미세화 경쟁 속으로 뛰어들어 살아남았다. 대만도 생존이 의문시되던 계약하청업자(Contract maker)에서 애플과 온갖 팹리스 회사들의 쇄도하는 주문을 받으며 파운드리의 선두주자로 자리 잡았다. 한국과 대만 기업들은 미세화 경쟁의 전리품을 챙기며 거대기업으로 성장하였다.

　일본 소비자가전 산업은 통째로 몰락했다. 아이와는 미국 기업에 인수되었고(2006), 산요는 중국 하이얼에 팔렸다(2012). 도시바의 백색가전은 메이디에(2016), TV는 하이센스에(2017) 분할 매각되었다. 샤프는 대만 폭스콘에 인수되었다(2016). 가전사업은 이제 소니와 마쓰시타 정도만 남았고 그것도 이제 일본 내수 브랜드에 불과하다.

3. 일본 소비자가전 산업의 변신

소비자가전 대기업들의 몰락에도 불구하고 일본의 시스템 IC 기업들은 여전히 건재하다. 소니와 세이코가 그러하고, 야마하와 캐논이 그러하다. 대체 불가한 시스템 반도체는 언제나 공급자 시장이고 가격도 공급자가 정한다.

마쓰시타, 히타치, 도시바, 미쓰비시 등 소비자가전 분야에서 몰락한 대기업들은 거의 모두 산업용 전자회사로 변신하였다. 일본은 세계에서 가장 먼저 고령화와 인구 감소가 시작된 나라다. 엔고와 세계화 물결 속에 일본 공장들은 중국 공장과 경쟁하기 위해 省力化(생력화), 省에너지화에 지난 30년을 보냈다. 생력화, 생에너지화는 곧 공장자동화와 로보틱스의 발전을 의미한다.

2024년 1월 하순 제34회 도쿄전자박람회(NEPCON)가 열렸다. 약 1,000여 개의 일본 전자회사들의 자동화 설비와 로봇들이 전시장에 빽빽이 들어서 있었다. 라스베가스 CES에서 볼 수 있는 코스모폴리탄적인 화려함은 없지만, NEPCON에는 일본 엔지니어들의 실무적 긴장감이 팽팽하다. CES가 대연회장의 가면무도회라면 NEPCON은 골방의 치열한 협상이다.

일본은 세계에서 가장 싸고 실용적인 로봇과 공장 자동화 시스템을 턴키로 제공할 수 있는 '로봇대국'이 되었다. 이것은 무엇을 의미하는가? 지난 30년간 세계화 시대에 서구의 대기업들은 값싼 노동력을 찾아 중국으로 향했다. 구(舊)세계의 공장 일본은 신(新)세계의 공장 중국과 경쟁하기 위해 인력과 에너지 사용을 줄여야 했다. 일본 로봇의 경쟁 상대는 값싼 중국 노동력이었다.

미·중 패권전쟁과 지정학적 위기 속에 중국 공장은 이제 미국으로 옮겨 간다. 미국에는 공장 근로 인력이 부족하고 비싸며 그나마 고용된 사람들도 장기근속하지 않는다. 공장 바깥에 자유롭고 유연한 Gig work(우버 기사, 배달 라이더 등) 일자리들이 노동자들을 항상 유혹하고, 심지어 식당의 미숙련 웨이트리스들도 식대의 20%를 팁으로 받는다.

새로 지어질 미국의 공장에는 일본의 자동화 시스템과 로봇들로 가득 찰 것이다. 아니, 전 세계의 공장들이 생존을 위해 일본 기계들을 사들일 것이다. 한국 공장도 예외가 아니다. 고령화와 인구 감소에 미국과 독일은 이민으로 대처하였고 일본은 자동화의 길로 나아갔다. 세계에서 고령화와 인구 감소에 산업적으로 준비가 된 유일한 나라가 바로 일본이다.

4. 중국의 대항마, 일본

이제 차분히 세계 전자산업의 지형도를 살펴보자. 미국의 빅테크 기업들은 오로지 생성형 AI 같은 컴퓨팅 비즈니스에 집중하고 있고, 유럽의 전자산업은 형체도 없이 사라졌다. 일본은 지난 30년간 간난신고 끝에 시스템 IC 회사 몇 개만 남기고 거의 대부분 산업용 전자기업으로 변신하였다. 한국은 두세 개의 기업이 볼만해졌으나 그 숫자가 너무 적고 이미 대기업화되어 기민함을 잃어 가고 있다. 게다가 지난 20년간 진행된 미세화 공정 경쟁도 5나노, 3나노, 2나노를 거쳐 이제 거의 종착역에 다다랐다.

애플의 아이폰 출시 이후 새로운 시스템 IC는 개발되지 않았다. 상업용 시스템 IC를 개발할 수 있는 세계 유일의 연구개발 클러스터인 도쿄와 오사카가 멈춰 섰고, 반도체의 진화 방향은 오로지 미세화와 저전력화로 나아갔기 때문이다. 이제 세계에서 새로운 시스템 IC를 개발할 수 있는 자원과 인력을 보유한 곳은 딱 하나밖에 없다. 지난 30년간 미국과 일본과 한국과 대만의 전자 기술을 통째로 흡수한 중국이다.

지금 업계 최대의 관심사는 누가 먼저 3나노, 2나노 기술을 상용화할 것인지, 누가 EUV 장비를 많이 획득하는지이다. 혹자는 미국의 대중국 제재로 중국의 반도체 산업은 끝났고 화웨이의 새 5G폰도 오류 투성이라고 평가 절하한다. 그러나 애플의 팀 쿡은 애플이 중국으로부터 완전히 탈출하는 것은 거의 불가능하다고 고개를 젓고, 중국 선전을 다녀온 비즈니스맨들은 현지의 혁신적인 분위기에 감탄한다. 누가 옳은가?

중국의 전자산업 기반은 쉽게 무너지지 않는다. 한미일·대만의 하청업으로 시작했지만 30년간의 훈련을 통해 자체적인 학습조직을 구축했기 때문이다. 전자산업은 M&A로 속성 육성될 수 있는 산업이 아니다. 이는 영국, 프랑스, 독일, 이탈리아에서 전자산업을 국가적 프로젝트로 선정하고 육성했음에도 실패한 사례로 충분히 검증되었다. 일본 전자산업의 역사처럼 괴짜와 천재, 욕심쟁이 기업가와 고집쟁이 엔지니어들이 무모한 도전을 계속할 때 가능한 것이다.

중국의 신흥산업에 대한 산업정책은 두 가지 길을 걸을 것이다. 첫째는 빅테크과 핀테크, 교육플랫폼 기업에서 보듯 강력한 통제 정책이다. 그러나 둘째, 신제품을 개발하는 창의적인 기업가군에게는 더 많은 지원이 있을 것이다. 창의적 발명에 반드시 최첨단 EUV 장비가 필요한 것은 아니다. 성공한 기업인과 기술자, 발명가는 먼저 부자가 되고 국민 영웅으로 대접받을 것이다(등소평의 선부론(先富論)). 이들에게 중국 대망론의 성패가 걸려 있기 때문이다.

가정해 보자.

「중국의 한 업체가 오랜 연구개발 투자 끝에 혁신적인 신제품(가칭 'X글라스'라 하자)을 선보였다. X글라스는 일반 안경과 똑같이 생겼는데 이어폰에서 BTS의 음악이 멋지게 흘러나오고, BTS 멤버들이 홀로그램으로 튀어나와 춤을 추고, AI가 적용된 BTS 멤버들과 가상 대화도 가능하다. 세계의 BTS 아미들은 열광하고 이 제품은 1년에 1억 개 이상 팔려 나간다.

미국 정부는 곤란해졌다. 국가안보와 산업기반 침해를 이유로 BYD의 전기차 수입을 금지한 것은 국민들의 동의를 얻을 수 있지만 X글라스 수입을 규제할 수는 없다. X글라스는 작고 가벼워 우회 수입도 가능하고 밀수도 쉬우며 해외 출장길에 직접 쓰고 와도 된다. X글라스의 성공은 올해 중국의 GDP를 0.5% 상승시킬 것으로 관측된다.」

　미국은 중국의 선전과 상하이에 광대하게 존재하는 전자산업의 학습 기반 클러스터에 대항마를 세워야 한다. 바로 일본이다. 중국에는 약 12,000개의 일본 기업이 진출해 있고 그중 수천 개가 전자회사이다. 이들이 일본으로 복귀해야 한다. 이들이 투자할 수 있도록 손익을 개선해 주고 곳간을 살찌워 주어야 한다. 아직 도쿄, 오사카에 살아 있는 연구개발 클러스터에 생명력을 불어넣어야 한다. 일본의 전자회사들이 미국의 컴퓨팅 기업들과 협력하여 세계 전자산업을 미·일이 다시 선도할 수 있게 해야 한다. 일본의 성공이 미국의 국익에 부합한다. 엔저가 그 첫걸음이다.

5. 우리의 나아갈 길

　서론에서 얘기했듯 경제성장은 용어의 정의상 1, 2, 3차 산업에서 생산하는 부가가치의 증가를 통해 이루어진다. 부가가치의 증가는 기업이 낮은 재료비를 들여 높은 가격으로 판매할 때 가능한데 이는 간단히 말해 혁신적인 신제품을 개발해야 한다는 말이다. 소비가 늘어야 성장을 한다는 소위 승수효과 이론이나 정부 지원금을 받아 소비하는 것도 성장에 기여하는 행위라는 주장은 거짓말이거나 최소한 과장이다.

　기업 투자의 본질도 공장설비투자가 아니라 위험을 감수하고 매진하는 연구개발투자이다. 연구개발투자가 비범한 신기술과 신제품을 낳고 이것이 세계의 소비자들을 매료시킬 때 기업은 누가 강요하지 않아도 공장설비투자를 단행하고 인력 고용을 늘린다. 연구개발투자가 선행하고 공장설비투자가 후행한다.

재정지출을 확대하고 통화정책을 완화한다고 경제성장이 이루어지지는 않는다. 그것은 우리가 일본의 잃어버린 30년에서 확인한 바다. 경제성장은 오직 기업인들의 뜨거운 연구개발 경쟁의 장기적 결과물이라는 것은 일본 전자산업의 역사에서 증명된 바다.

세계 전자산업계에서 미·일·중 3개국이 앞으로 어떤 연구개발 경쟁을 펼칠지는 아무도 모른다. 3국 간 세계 1위 자리를 놓고 펼치는 살벌한 경쟁 속에 상대적으로 작은 규모의 우리 경제와 기업은 어떤 전략을 펼쳐야 하나? 아래 두 가지 사례를 통해 우리의 나아갈 길을 생각해 보자.

미국은 최첨단 반도체 포토리소그래피 기술인 EUV 원천기술의 보유자다. 이 기술을 해외 라이선싱 하고자 했을 때 1순위 후보자는 당연히 일본의 니콘이었다. 업계 1위로 첨단 DUV장비의 90% 시장점유율을 가지고 있었기 때문이다. 그러나 미국 국방부는 국가안보상 잠재적 경쟁자인 일본 기업으로의 라이선싱을 허가하지 않았다. 이 기술은 네덜란드 기업 ASML로 넘어갔다.

GM은 서브프라임 위기 당시 경영난 타개를 위해 자동항법장치 개발을 위한 자회사인 앱티브(Aptiv) 주식 50%를 중국 기업에 팔기를 원했다. 그러나 미국 국방부는 국가안보상의 문제를 들어 중국으로의 주식 매각을 금지하였다. 무인 탱크와 무인 장갑차의 원천기술이기 때문이다. GM은 현대자동차에 주식을 넘겼다.

아직까지 세계의 신기술은 미국과 일본이 주도한다. 물론 앞으로 중국의 남동 해안가에서 무명의 중국인 엔지니어에 의해 어떤 창조적 발명이 있을지 모른다. 누구와 손잡고 어디로 나아갈지 선택은 우리 정부와 기업의 몫이다.

참고 문헌

1. 『전자산업 100년사』, 알프레드 챈들러 저
   하버드대 경영사학 교수인 알프레드 챈들러의 역작이다. 세계 전자산업의 성쇠를 참고하였다.

2. 『반도체에 생명을 불어넣은 사람들 1, 2』, 밥 존스턴 저
   일본 반도체 산업의 성장을 소설처럼 써낸 수작이다. 본 칼럼의 '일본의 세계 제패'는 사실이 두 권의 리더스 다이제스트 판이라 해도 과언이 아니다. 원작의 일독을 권한다.

3.
고유가와 엔저가 몰고 올 먹구름

고유가와 엔저가 몰고 올 먹구름

김명수

1. 두 가지 변수

최근 유가가 배럴당 90불을 넘었다. 금번 유가 인상은 세계 1, 2위 석유 수출국인 사우디아라비아와 러시아가 각각 일 100만 배럴, 30만 배럴을 감산하며 발생한 결과이다. 두 나라는 앞으로도 수요 부족에 대비해 감산을 계속할 것임을 공언하였다.

엔화 환율도 달러당 150엔에 육박하고 있다. 미국과 일본의 금리 격차가 벌어져도 일본은행은 20년 이상 계속된 디플레이션을 탈피하기 위해 금리를 올리지 않는다. 월가의 투자은행들은 엔화 환율이 160~170엔까지 갈 수 있다고 경고한다.

한국 경제를 결정짓는 대외변수가 있다면 그것은 단연코 '유가'와 '환율'이다. 1980년대를 이끌었던 3저 호황은 '저유가, 저금리, 저환율(다른 말로 엔고)'에 기반하였다. 셋 중 '금리'에 대해서는 외환위기 이후 기업 재무구조 강화로 저항력이 어느 정도 키워졌기에 큰 걱정거리가 아니다. 고금리는 가계부채와 PF부채에 큰 부담을 주지만 이는 기업들의 국제 경쟁력과는 무관한 국내 자산시장의 문제일 뿐이다.

그러나 세계 석유 산지에서 가장 먼 한국의 '고유가'는 한국 기업의 원가구조를 압박하고, '엔저'는 한동안 잊고 있었던 일본 기업들과의 국제경쟁이 재개되는 것을 의미한다. 이제 우리가 1980년대와 반대되는 '고유가, 고금리, 엔저'를 맞이한다면 버텨 낼 수 있을까? 고유가와 엔저는 언제까지 지속될 것인가?

2. 고유가가 가져올 위기

1) 중재자 없는 우크라이나 전쟁

고유가의 제1 원인은 모두가 알다시피 우크라이나 전쟁이다. 러시아는 하루 1,000만 배럴의 석유를 생산하여 세계시장에 600만 배럴을 공급하는 세계 2위의 석유 수출국이다. 러시아와 우크라이나는 각기 자국이 승리하고 있다고 선전전을 벌이지만 1년 반 넘게 지속되고 있는 이 전쟁의 실체는 지루한 소모전일 뿐이다. 전쟁이 종식되기 위해서는 누군가 중재를 해야 한다.

우크라이나는 벌써 내년 봄 대공세를 준비하고 있다고 하고, 러시아도 북한에까지 손을 내밀며 무기고를 채우려 한다. 올해 초 연말을 넘기지 않을 것이란 희망 섞인 기대는 물 건너가고 이제 전쟁이 3년을 넘길 것이 확실시된다. 휴전은 불가능하고 중재자는 없는 것인가?

자기 앞마당에서 벌어지는 전쟁으로 러시아 에너지가 차단되며 경제적 곤궁에 처한 EU 국가들은 당연히 전쟁의 장기화를 원치 않았다. 전쟁 초기 프랑스의 마크롱 대통령은 러시아를 직접 방문하며 중재에 나섰고, 올해 6월 작고한 이탈리아의 베를루스코니 전 총리도 생전에 푸틴과의 친분을 과시하며 중재 의사를 밝혔었다. 프랑스는 전통의 친러국가이고, 이탈리아도 1959년부터 러시아산 석유를 가져다 쓴 에너지 동맹 관계이다. 그러나 전쟁의 장기화는 예기치 못한 정치·경제적 결과를 가져오고 있고 EU 국가들의 셈법은 서서히 바뀌고 있다.

원래 EU의 최대주주는 독일이고 독일이 EU의 정책 결정을 주도한다 해도 과언이 아니다. 독일은 재정건전성을 중시하는 북유럽 국가들과 범게르만 경제권인 중부·동유럽 국가들의 지지를 등에 업고 EU를 지배해 왔다. 건전한 정부 재정과 막강한 독일 기업들이 EU 주도권의 원동력이다.

그러나 에너지 차단으로 독일 제조업이 무너져 내리고 기업 탈출 러시가 이어지자 국가별로 셈법이 달라진다. 2022년에만 독일 기업의 해외직접투자는 1,350억 유로이고 그중 70%가 EU 지역으로 이전하였다. 독일 기업들은 저렴하고 안정적인 에너지를 찾아 집시처럼 유럽 각국을 유랑한다. 에너지 의존적인 독일 기업들이 다른 EU 국가들로 본거지를 옮긴다는 것은 EU 국가들에는 가뭄의 단비 같은 외국인 직접투자다. 다른 EU 국가들은 때아닌 독일 기업들의 쇄도를 맞아 고용과 투자가 늘고 성장률이 제고된다. 게다가 그 효과는 독일 기업이 존속하는 한 영구적이다.

이를 반영하듯 독일 경제는 완연한 리세션 분위기이지만 기타 EU 국가들은 대부분 플러스 성장률로 돌아섰다. 전쟁이 장기화되자 유럽 내 독일의 위상이 낮아지고 다른 나라들의 입지가 강화된다. 뜻밖의 소득을 얻고 있는 프랑스와 이탈리아는 전쟁 장기화에 대한 입장을 바꾼다. 미국과 영국은 아예 중재의 생각이 없고 프랑스와 이탈리아도 초기의 반전 분위기에서 벗어나 침묵 모드로 들어갔다. 우크라이나 전쟁에 중재자가 사라졌다.

2) 사우디와 러시아가 원하는 것

혹자는 석유 감산은 세계 경제불황에 대비한 수요 위축에 미리 대비하고 사우디·러시아 두 나라가 부족한 예산을 벌충하기 위한 것이라고 분석한다. 사우디의 빈 살만 왕세자는 네옴시티를 건설하고 개방 개혁을 위해 많은 예산이 필요하고 러시아도 우크라이나 전쟁을 수행하는데 거액의 전비가 들어가기 때문이라고 한다.

그러나 국제 에너지 시장은 그렇게 단순하지 않다. 하루 800만 배럴을 수출하는 사우디와 600만 배럴을 수출하는 러시아가 각각 100만 배럴, 30만 배럴을 감산한다는 것은 자기 고객의 12.5%, 5%를 잃는다는 것을 의미한다. 사우디와 러시아에게 거절당한 수요자는 새로운 공급자를 발굴해야 하고 국가 간 거래 양상을 띠는 석유 거래에서 떠나간 거래선을 복구하기란 쉬운 일이 아니다. 1960년대 베네수엘라가 세계 석유시장에서 수요자를 찾지 못해 고전하였고, 페르시아만의 노스필드 대형 가스전을 개발한 카타르도 한동안 천연가스 수요자를 찾아 세계 가스시장을 헤맸다. 역사적으로 OPEC의 감산 논의와 이행 과정도 항상 순탄치 못했다.

둘째, 고유가는 오래 유지되지 않는다. 고유가는 고비용 유전 개발을 가능케 한다. 배럴당 생산비 57불 정도라는 셰일유정이 안정된 수익성을 기대하고 대규모로 투자될 수 있고, 생산비 70불을 상회하는 극한지 유전도 채산성을 회복한다. 더 나아가 고유가는 태양광, 풍력터빈 등 대체 에너지 산업을 촉진한다.

마지막으로 고유가는 석유 소비국들을 불황으로 몰아 석유 수요량을 줄여 결국 산유국의 피해로 돌아온다. 석유 수출가액은 가격×수량인데 가격 인상분보다 수량 감소가 더 클 경우 석유 수출액은 감소한다. 1973년 제4차 중동전쟁 당시 OPEC이 감산할 때 사우디아라비아의 석유장관 쟈크 야마니는 석유 감산은 궁극적으로 산유국들의 손해로 돌아올 것이라며 반대하였다.

사우디와 러시아에 손해로 돌아올 석유 감산을 이들 두 나라는 왜 하는 것인가? 그것은 2024년 있을 미국 대선판을 흔들기 위해서다.

3) 2024년 석유시장에 일어날 일

사우디의 빈 살만 왕세자는 창업자인 이븐 사우드 국왕의 유훈인 왕세제 승계 전통을 어기고 전격적으로 등장한 개혁 군주이다. 그는 국내의 불만을 누르는 과정에서 왕족들의 재산을 몰수하고 언론을 탄압하였다. 워싱턴포스트지 기자인 자말 까슈끄지 살해 사건의 배후로도 지목되고 있다. 바이든 대통령은 취임 초기부터 사우디아라비아의 민주화를 요구해 왔고 사우디아라비아를 국제사회의 왕따(Pariah)로 만들 것임을 공언하였다.

러시아도 전쟁 장기화로 흩어진 민심을 수습하고 전쟁을 마무리할 출구 전략이 필요하다. 프리고진 반란 사건에서 보듯 러시아 국민들은 전쟁에 염증을 내고 있으며 쇠잔한 러시아의 국력으로 전쟁을 1년 반 이상 끌어 간다는 것은 사실 상상할 수 없다. 그러나 중재자가 사라진 지금, 푸틴은 전쟁을 마무리할 방법이 없다.

두 나라의 공통된 이해관계가 있다면 그것은 바이든 대통령의 낙선일 것이다. 유가가 오르고 인플레가 재현된다면 미국 시민들의 고통이 커질 것이고 바이든 대통령의 재선을 장담할 수 없다. 지미 카터 대통령(1977~1981, 재임)도 고유가와 고금리로 인기가 떨어져 재선에 실패하였다. 트럼프가 재등장한다면 사우디아라비아 안보에 가장 중요한 미국과의 관계를 정상화하고 빈 살만 왕세자는 왕위계승권자로서 정당성을 확보할 것이다. 푸틴도 트럼프를 중재자 삼아 휴전을 모색할 수 있다.

그러나 바이든 대통령이 두 나라의 고의적인 감산에 속수무책으로 당할 리는 만무하다. 미국 행정부는 이에 대응할 여러 가지 수단을 가지고 있다. 우선 석유 기업들에 횡재세를 매길 수 있다. 이탈리아 멜로니 총리는 금리인상기의 혜택을 본 금융회사들에 횡재세를 매김으로써 서구 국가에서 그것이 가능함을 보여 주었다.

보다 근본적인 수단은 국제유가로부터 미국 국내 가격을 이탈시키는 것이다. 사실 1990년 러시아가 세계 석유시장에 돌아온 후 적용되는 단일 가격 체계(Single Price System)는 그리 오래된 제도가 아니다. 석유 가격은 맨 처음 스탠다드오일이 정했고, 1, 2차 세계대전기에는 텍사스철도위원회에서 정했다. 2차대전 후에는 7공주(Seven Sisters)로 대변되는 석유 메이저들이 정했고, 1973년 이후에는 OPEC이 정했다. 1980년대 중반 들어 고유가에 자극받은 비OPEC 지역 석유가 국제시장에 쏟아져 나온 이후 뉴욕과 런던 금융시장에서 유가가 결정된다.

이미 우크라이나 전쟁 이후 단일가격 체계는 두 개의 가격(국제가격/러시아 가격)으로 분리되었고 여기에 '미국 국내 가격'까지 세 개의 가격 체계가 도입될 수 있다. 시장경제의 미국도 석유에 대해서만큼은 가격통제, 수입쿼터제, 주유순번제 등 빈번한 시장개입의 역사를 갖고 있다. 제3의 가격표가 도입된다고 해서 전혀 이상한 것이 아니다.

이는 셰일석유 산업 측면에서도 좋은 일이다. 안정적 사업으로 기대를 모았던 셰일유전 사업은 팬데믹 기간 유가 폭락을 거치며 엄청난 손실에 시달렸다. 월가의 투자자들은 채권과 같은 안정적 배당수익을 기대하며 주식을 사 모았지만 고비용 구조의 셰일유전 사업은 팬데믹 기간의 저유가를 견디지 못하고 파산하거나 인수합병 되었다. 유가가 회복된 지금, 월가 투자자들은 셰일유전 사업자들에게 사업 확대보다는 즉각적인 배당과 주가 부양을 요구한다.

만일 제3의 가격 체계가 도입되어 미국 국내 유가가 60~70불 밴드에서 안정된다면 셰일유전 사업은 저유가의 위험을 피할 수 있고 투자자들에게 새로운 대안으로 떠오른다. 유정 하나당 800만 불 정도 소요된다는 셰일유전에서 안정적 현금흐름을 기대할 수 있게 되고 이는 미국 국채나 대도시 부동산과 유사한 장기 투자가들의 대안이 될 수 있음을 의미한다. 월가도 새로운 가격 체계의 도입을 마다할 이유는 없다.

4) 고유가가 한국 경제에 미칠 위기

한국은 세계에서 가장 에너지 의존적인 경제모델을 가지고 있다. 세계시장에서 경제력은 1.6%를 차지하지만 일 290만 배럴, 세계 석유 소비의 3%를 차지하는 대량 소비 국가다. 알다시피 그 이유는 자동차, 철강, 조선, 기계, 석유화학 등 중화학공업을 주력으로 하고 있기 때문이다.

우리나라와 경제모델이 비슷하고 경쟁 관계인 중국, 일본도 석유 수입국이긴 마찬가지지만 중국은 국제가격으로 석유를 사 오는 나라가 아니다. 3분의 1은 국내에서 생산하고 나머지 3분의 2도 대규모 수요

량을 기반으로 산유국과 장기계약 관계인 경우가 많으며 무엇보다 국제가보다 저렴한 러시아·이란 석유에 접근할 수 있다. 석유 도입 평균 가격이 우리보다 낮을 것은 확실하다.

일본은 인구가 1억 2천만 명에 달하지만 일 소비량 340만 배럴에 불과하다. 비슷한 경제모델의 일본이 우리보다 석유 소비가 적은 것은 제조업의 25%가 해외 생산이기 때문이다. 한국 경제는 연간 10억 5천만 배럴을 소비하고 이 중 50%를 현물시장에서 국제가격으로 구입한다고 가정할 경우 유가 10불 상승 시 연간 52.5억 불이 지출된다. 유가가 70불에서 100불로 인상될 경우 외화유출은 150억 불 이상 추가 유출된다.

유가가 오르면 원가 측면에서 중국에 불리하고 일본과 한국은 비슷한 경쟁 열위에 놓이게 된다. 그러나 최근 일본 경제를 부양하는 비장의 무기가 있으니 그것은 바로 엔저이다. 이제 엔저가 한국 경제에 가져올 거대한 효과에 대해 알아보자.

3. 엔저가 가져올 위기

1) 아시아의 독일, 일본

독일이 안보를 미국에 기대면서 에너지는 러시아에 시장은 중국에 의존한 상황은 지속될 수 없는 것이라고 비판받아 왔다. 아시아에도 이와 똑같은 나라가 있으니 그것이 바로 일본이다.

1969년 12월 닉슨 대통령이 괌에서 "아시아인의 방위는 아시아인 스스로"라는 닉슨 독트린을 발표하자 일본 정부는 충격에 빠졌다. 데탕트 분위기를 감지한 일본은 다나카 가쿠에이 총리가 1972년 9월 방중함으로써 미국보다 7년 먼저 중국과 수교하는 기민함을 보였다. 등소평도 1978년 집권하자마자 제1의 방문처를 일본으로 정할 만큼 일본과의 관계를 중시했고 일본 기업들의 투자를 간절히 바랐다.

일본의 대중국 투자는 1990년대 들어 저임의 노동력을 활용하기 위한 한계 산업에서 시작하여 2001년 WTO 가입 이후 대기업들이 본격 진입하였다. 미국 다음의 제2위 투자국이 일본이고 2022년 6월 현재 12,706개사가 중국에 현지법인을 내고 있으며 자동차, 전자, 화학, 섬유, 기계 등 전 업종에 걸쳐 대기업들이 진출해 있다.

일례로 도요타자동차는 연간 200만 대를 중국에서 판매하고 혼다·닛산도 연 150만 대 내외를 판매한다. 마쓰시다전기, 도시바, NEC, 히타치, 후지츠 등 유수의 전자기업들은 자체 공장은 물론 현지화된 연구소도 운영하고 있고 섬유·화학의 아사히카세이, 미쓰비시화학, 미쓰이화학 등, 일대일로 사업의 기회를 엿보는 고마츠, 히타치기계 등 중장비 전문업체도 중국을 떠나지 못한다. 일본 제조업의 25%가 해외 생산이며 그중 30%가 중국에서 이루어진다. 익명을 전제로 일본의 한 정치인은 "중국과 디커플링은 상상할 수 없는 것"이라고 말한다.

일본은 에너지 측면에서도 러시아와 결혼할 준비를 하고 있다. 일본은 저탄소 경제로 변신하기 위해 동(東) 시베리아 천연가스를 도입할 계획이다. '시베리아의 힘 Ⅰ, Ⅱ' 프로젝트가 그것이다. 지금은 우크라이나 전쟁으로 사업에 제동이 걸렸지만 일본은 결국 동시베리아 파이프라인을 통해 값싼 가스를 공급받을 것이고 이것은 일본의 제조업 부활의 신호탄이 된다.

러시아와 에너지로 결합하고 중국 시장을 떠날 수 없는 일본이 우크라이나 전쟁을 일으킨 푸틴을 맹비난하고 중국이 대만을 공격할 시 전쟁도 불사하겠다고 허풍을 떤다. 일본은 어떤 대안을 가지고 있는 것일까?

2) 엔저, 역플라자 합의, 리쇼어링

작년 여름부터 시작된 엔저가 단순히 미-일 금리 차이 때문만이 아닌 '역플라자 합의'일 가능성은 2022년 9월 26일 발표한 칼럼 '슈퍼달러 시대의 우려'에서 밝혔다. 일본 기업들은 사상 최대의 수익성을 보이고 일본 닛케이지수도 고공행진을 거듭하고 있다. 30년째 제자리이던 임금과 물가도 기지개를 켜고 있다. 단지 그것뿐이겠는가?

일본 정부는 반중 캠페인이 벌어진 트럼프 연간에 일본 기업의 리쇼어링을 위해 매년 2조 엔 정도의 예산을 책정하고 보조금을 약속해 왔다. 그러나 기업들은 아무리 보조금이 커도 채산성이 맞지 않으면 공장을 옮기지 않는다. 제조기업들에게 일본은 인건비도 비싸고 인력도 부족하며 비싼 전기료와 땅값, 무엇 하나 좋을 것이 없다.

그러나 만일 환율이 160~170엔대라면 사정이 달라진다. 110엔대에서 움직이던 환율이 약 50% 평가 절하된다면 도요타자동차와 마쓰시다전기의 간부들은 심각한 고민에 빠질 것이다. 엔저가 지속된다는 보장만 있다면 점증하는 지정학적 위기 속에 불안한 마음으로 중국 공장을 가동하기보다 일본 본토로의 귀환을 고려하게 된다. 트럼프도 바이든도 아베도 기시다도 그 누구도 일본 기업에게 리쇼어링을 명령하지 않지만 엔저가 주는 엄청난 혜택을 쫓아 자발적으로 리쇼어링을 선택하게 된다. 민주 국가의 경제 운용 방식이다.

그 결과는 중국 경제의 약화, 일본 경제의 부활이다. 중국 시장에서 미국, 일본, 한국 기업이 떠나가고 결국에는 독일 기업도 떠나갈 것이다. 제조 4대 강국들이 투자를 기피한다면 중국 경제는 어디에서 활력을 얻을 것인가? 일본은 마치 2023년의 미국과 같이 공장이 건설되고 고용이 늘어나고 내수가 진작되고 경제 활력이 넘칠 것이다.

기이하게도 2023년 8월 FRB의 잭슨홀 미팅에 일본중앙은행의 우에다 가즈오 총재가 초청되었다. 우에다 총재는 잭슨홀에 왜 갔는가? 그들은 휴가지에서 시원한 바람을 즐기며 지금까지 미·일 중앙은행이 이루어 낸 성과를 반추하고 앞으로도 국제 외환시장에서 더욱 협력해 나갈 것을 다짐했을 것이다.

4. 결론 – 2024년은 한국 기업 경쟁력 약화의 원년

고유가는 한국 기업의 비용구조를 악화시켜 가격경쟁력을 침식한다. 또한, 경기 불황을 야기하여 세계 수요를 위축시킨다. 석유시장 전문가들의 예견대로 내년 유가가 100~120불에 달한다면 수출 의존적인 한국 경제가 어려움에 빠질 것은 명약관화한 얘기다.

그러나 고유가는 수년 이상 장기화될 수 없다. 세계 석유 생산에서 비OPEC 국가가 세계 생산의 60%를 차지하고 있고 셰일 유정도 열릴 것이다. 무엇보다 세계시장에서 경쟁 관계인 한·중·일이 정도의 차이는 있을지언정 비슷한 처지인 것이 위안거리다.

엔저는 전혀 다른 문제다. 한동안 잊고 있었던 무시무시한 일본의 전자·자동차 기업들이 다시 세계시장에 등장한다는 것을 의미한다. 우리 전자·자동차 기업들이 엔저로 무장한 10여 개가 넘는 일본 유수의 전자·자동차 기업들의 공세를 이겨 낼 수 있을까?

1980년대에 일본의 전자기업은 미국과 유럽의 도전자들을 차례차례 쓰러트리고 세계시장을 석권하였다. 자동차 산업에서도 미국은 자동차 왕국이란 칭호를 일본에 내준 지 오래다. GM과 Ford는 보호무역 정책 아래 경트럭을 주로 생산하는 북미 지역 로컬업체일 뿐이다.

40년간의 절치부심 끝에 미국의 전자·자동차 산업은 이제 준비가 되었다. 애플의 아이폰을 내세워 일본이 생산하는 모든 전자제품을 무력화시키고 있고, 테슬라를 내세워 독일과 일본이 주도하는 프리미엄 카 시장에 거대한 균열을 내었다. 한마디로 미국은 전자·자동차 산업에서 일본의 공세에 대비가 되어 있다.

　미국이 혁신으로, 일본이 환율로 세계시장을 공략할 때 한국 기업들이 내세울 무기는 무엇인가? 서구 대 비서구로 갈리어 가는 세계시장에서 서구를 주력 시장으로 가져가야 할 한국 기업들은 미국과 같은 혁신의 콘텐츠도 부족하고 엔저로 무장할 일본의 적수가 되지 못한다. 엔저가 가져올 미래가 두려워지는 이유이다. 우리 정부의 기민한 대응이 그 어느 때보다 중요해지는 시점이다.

4.
새로운 냉전과 일본 산업의 부활

새로운 냉전과 일본 산업의 부활

최우석

엔/달러 환율은 1985년 플라자 합의로 하락 추세를 보인 이후 최근에야 1990년 이전의 환율인 150엔/1달러로 복귀하며 30여 년 만에 가장 높은 수준을 보이고 있다. 높은 환율에 따라 2023년 4분기 일본 Topix 500 기업들의 당기순이익은 전년 동기 대비 46% 증가하였다. 기업의 이익 증가로 닛케이 225 지수가 최근 사상 최고치인 40,000을 넘어서고 있어, 일본 주식시장도 1990년 버블 붕괴 이후 처음으로 다시 활력을 찾고 있다. 일본 기업들은 보유하고 있는 높은 기술력에 더해 최근의 이익 증가와 주식시장 호황으로 투자 여력과 도전 정신을 다시 갖출 기세다.

1. 냉전시대 자유주의 승리를 위한 교두보

2차대전 이후 전승국인 미국이 패전국에 보상금을 요구하지 않는 대신 자국의 화폐를 사용하여 자유 교역을 하도록 한 브레튼우즈(Bretton Woods) 체제의 원래 의도는 전승국이 산업시설을 독점하는 대신 패전국에는 산업시설을 허용하지 않는 것이었다. 이를 통해 승전국들은 자국 산업과 부를 늘리고 패전국의 재무장을 방지함과 동시에 자국 산업 생산품의 시장을 확보하고자 했다.

2차대전 이후 미국은 독일의 전쟁 수행 능력을 본원적으로 제거하기 위해 산업 생산 능력을 무장해제시키는 모건소 플랜(Morgenthau Plan, 1944년 9월)을 검토했으며, 이를 통해 대부분의 제조업을 금지하며 심지어 농축산업 국가로 유지시키고자 했다. 그러나 당시 공산주의 세력의 확산에 서독이 넘어갈 것을 우려해 당시 미국 대통령이었던 해리 트루먼은 허버트 후버를 특사로 보내 현실을 파악하도록 했으며 허버트 후버는 2천 5백만 서독인을 농축산업만으로 부양하는 것은 현실적으로 불가능하다고 판단했다. 이는 제조업을 통한 산업 생산 능력을 보유해야 서독 규모의 면적에서 그 인구를 부양할 수 있었기 때문이었다.

결국, 서독 규모의 인구 부양에 필수적이었던 제조업 재생과 공산주의의 확산을 저지하기 위한 수단은 1947년 알프레드 마샬의 마샬 플랜(Marshall Plan)으로 구체화되었다. 이를 통해 미국은 1947년 7월부터 4년간 총 130억 달러(연간 32.5억 달러)를 유럽 각국(영국, 프랑스, 독일, 이탈리아, 네덜란드 등 총 16개 국가)에 지원하게 된다.

반면, 미국은 아시아가 냉전의 주요 전장이 아니라고 생각했으며, 섬나라인 일본을 활용하면 태평양에 대한 통제권을 쉽게 유지할 수 있을 것이라고 판단했다. 따라서, 일본 내 정치적 안정과 그를 위한 최소한의 경제성장을 목표로 삼았다. 평화헌법을 통해 재무장을 저지하고, 적당한 원조를 하며 일본을 농수산업 국가 정도로 유지시킬 계획이었다. 애치슨 선언(Acheson line declaration, 1950년 1월)으로 촉발된 한국전쟁이 발발하기 전까지는 말이다.

1950년 6월 한국전쟁 발발로 아시아에서의 공산 세력 저지를 본격화한 미국은 그 지원 기지로 일본을 활용했으며, 한국전쟁으로 일본 산업은 빠르게 재건된다. 일본의 1949년 수출은 5억 달러에 불과했으나, 1953년에는 46억 달러까지 급증했으며 여기에 미국의 군수물자 구입으로 24억 달러가 추가되었다. 연합국의 한국전쟁 참전에 따른 일본 산업의 빠른 재건은 아시아에서 유럽에서의 마샬 플랜과 같은 역할을 했다.

냉전 초기 미국의 경제적 긴장감은 1954년 국무장관 존 포스터 덜레스가 한 발언에서 잘 드러난다. "만약 생산기준을 향상시키고 있는 공산주의의 부단한 노력을 우리가 따라잡지 못한다면 대부분의 세계에서 공산주의의 확산을 막기란 매우 어려울 것이다." 이와 같은 긴장감 하에 미국은 냉전 초기 세계 경제 속에서 서유럽, 일본 및 주변 국가의 위상을 새로 정립하려 했다.

미국은 과거 제국의 중심부였던 서유럽과 일본을 기존 식민지(원재료 조달 및 완제품 판매를 위한 시장)였던 국가들을 통해 지탱하고, 서유럽과 일본을 교두보로 삼아 공산주의를 봉쇄하고자 했다. 다만, 이를 위해서는 과거 식민지 및 제3세계 국가를 자유시장으로 끌어들일 필요가 있었는데, 이는 미국을 중심으로 한 차관 제공 및 원조를 통해 진행됐다.

이와 같이 2차대전 이후 미국의 대국가 산업 및 무역정책은 냉전의 틀하에서 활용되었다. 공산주의 지역과 체제 경쟁을 하던 미국은 마샬플랜 등을 통해 서유럽 주요국에 생산설비를 갖추게 했으며, 아시아에서는 한국전쟁을 계기로 일본에 생산설비를 갖추게 했다. 산업국가가 된 서유럽과 일본의 1970년대 고성장을 통해 미국은 소련과의 체제 경쟁에 있어 경제력에서 압도하게 된다.

1970년대 아시아와 라틴아메리카의 다수 국가가 자유시장 편입을 통해 성공적으로 경제성장을 한 것도 냉전의 승리에 기여했다. 한국, 대만, 싱가포르, 홍콩, 브라질, 멕시코는 1970년대 들어 1980년까지 10년간 평균 7.5%의 경제성장률을 기록했는데, 이는 제3세계의 타 공산주의 및 전체주의 정권의 집단주의적 경제발전 방식에 대한 의구심을 높였다. 여기에 더해 미국과 중국이 1979년 1월에 수교를 하고, 1980년대 들어 중국이 개혁, 개방정책으로 전환하면서 자유주의 진영으로 세력이 기울게 된다.

1980년대 중반 이후 세력경쟁과 경제력에서 소련의 패색이 짙어지자 미국은 필요 이상으로 강해진 서유럽 및 일본의 힘을 누를 필요가 있었고, 1985년에는 플라자 합의를 통해 서유럽 및 일본의 환율을 조정해서 자유 진영 주요국 수출경제의 성장을 약화시키기 시작했다. 이때 소련의 경제는 이미 휘청거리고 있었고 1986년에 미하일 고르바초

프는 페레스트로이카(개혁), 글라스노스트(개방) 정책을 실시하게 된다.

1989년 베를린장벽 붕괴와 1991년 소련의 해체로 냉전은 종료되었다. 미국은 냉전의 주요 수단이었던 지정학적으로 중요한 접점에 있던 우방국의 경제력 강화가 더 이상 필요 없어졌다. 1990년대 이후 미국은 대규모 무역적자 때문에 오히려 서유럽 및 일본의 수출경쟁력 약화가 필요했다. 그로부터 거의 30년간 서유럽과 일본은 미국의 지정학적 요충지로서의 주요 관리 지역에서 그 중요성을 잃게 된다.

2. 자유주의 시장경제의 확장과 새로운 냉전

경쟁 체제였던 공산주의가 와해된 1989년 베를린장벽 붕괴와 1991년 소련 해체 이후 신자유주의 시장경제는 독주했다. 냉전 종식 직후 프란시스 후쿠야마는 유명한 논문 「역사의 종언」에서 "자유주의는 20세기 전반에는 파시즘을 파괴했고, 20세기 후반에는 공산주의를 파괴했으며, 이제는 자유주의에 대항할 이데올로기는 보이지 않는다."라고 주장했다. 후쿠야마는 "국가들은 더 이상 의미 있는 분쟁거리를 가지지 않게 되었으며, 강대국 간의 전쟁은 더 이상 존재하지 않을 것"이라고 주장했다. 새로운 체제에서 당면하게 될 가장 큰 도전은 할 일이 없기 때문에 야기되는 무료함일 것이라고까지 말했다.

1980년대 미국의 로널드 레이건 대통령 및 영국의 마거릿 대처 수상을 필두로 시장에 대한 간섭을 최소화했으며, 이데올로기의 승리와 함께 신자유주의 시장경제는 1990년대 이후 30년간 독주했다. 그 기간 동안 무역확대에 따라 국경이 없다고 할 정도로 경제의 국제화가 빠르게 진행되었다. 이 시기에 미국은 가능한 한 많은 수의 국가를 자유민주주의 국가로 전환시킴과 동시에 개방적 국제경제체제를 조성하고자 했으며, 이를 위해 효과적인 국제기구들을 건설하는 데 집중했다. 세계 전체를 미국식 자유주의 시장경제 모델로 바꾸고자 했다. 그러면 핵확산 및 테러리즘을 완화하고 자유민주주의는 더욱 안전하게 될 것이라고 믿었다.

그러나, 한국, 대만, 싱가포르, 홍콩, 멕시코, 브라질을 제외한 많은 곳에서 자유민주주의 시장경제 확장은 실패했고 오히려 현지 민족주의 세력과 전체주의 체계를 공고화시키는 결과를 낳기도 했다. 또한, 그 과정에서 미국은 동부 유럽을 향한 북대서양조약기구의 확산, 중동 지역에서의 여러 차례 전쟁 등 군사적인 방법에 의존하기도 했다. 그리고 그 일부는 이라크와 아프가니스탄의 사례에서 보이듯 치명적인 실패도 있었다. 실패가 이어지자 최근 미국은 자유주의 외교정책의 환상에서 서서히 깨어나고 있으며, 아프가니스탄의 철수는 그 대표적인 증거이다.

한편, 미국은 1979년 중국과 수교 이후 평화적인 관계를 유지하며 민주화시켜 미국이 주도하는 경제질서에 통합시키려 했다. 그러나, 이는 결과적으로는 새로운 냉전의 밑거름이 되었다. 특히, 미국의 중국 포용은 중국에 시장가치를 인정하는 사회, 경제체제와 일당 독재의 정치체제가 공존하는 새로운 길을 열어 준 결과가 되었다. 그에 따라 다른 국가의 지도자들도 정치권력을 독점하는 동시에 자국 경제를 재조

정할 수 있다고 생각하게 되었다. 이는 결국 자유시장이 민주주의 국가 뿐만이 아닌 공산주의 및 전체주의 국가의 경제까지도 강화시키는 결과로 이어졌다.

중국이 2001년 WTO 가입 이후 무서운 경제성장을 보여 경제력에서 미국의 패권이 위협당할 상황에 놓이자, 2010년대 후반 이후 미국은 중국에 대한 견제를 본격화했다. 당시 미국의 위기감은 2018년 4월 미국 마이크 펜스 부통령이 발표한 연설문에서 드러난다. "중국 공산당은 관세, 쿼터, 환율조작, 강제 기술이전, 지적재산권 도용, 보조금 등 자유공정무역에 어긋나는 정책을 사용해 왔습니다. 중국은 나머지 아시아 국가를 합친 것만큼 군사비를 지출하고 있으며, 미국의 군사적 이점 약화를 노리고 있습니다. 중국은 미국을 서태평양에서 밀어내려는 것 외에는 아무것도 원하지 않습니다. 중국 공산당은 미국 기업, 영화 스튜디오, 대학, 싱크탱크, 학자, 언론인, 공무원들을 회유하거나 강압하며 미국의 민주주의에 간섭하고 있습니다."

그렇게 시작된 새로운 냉전도 이제 본격화되고 있다. 최근에는 디커플링(De-coupling)이 아닌 디리스킹(De-risking)이란 표현을 쓰지만, 패권 경쟁에 있어 어설픈 싸움은 없다. 세력 경쟁을 함에 있어 냉전시대에 공산권과 자유 진영 간의 편가르기는 명확했으며, 원재료 및 시장 확보를 통한 경제력 강화 목적 등으로 제3세계에서도 세력적 우위를 점하기 위해 수단과 방법을 가리지 않았다. 냉전시대에 미국 측의 나토(NATO: 북대서양조약기구) 및 마샬 플랜 등에 대응해서 소련 측은 바르샤바조약기구, 코메콘(COMECON: 경제상호원조회의)과 같은 군사, 경제기구를 통해 연합하며 치열하게 세력 다툼을 했다.

전력을 다해 싸워야 되는 상황에서 미국은 제조업의 쇠락 등으로 노동자의 불만이 높아졌다. 그에 따라 자국 내 정치적 지지기반 확보가 해외 비핵심지역의 관여보다 더 중요해진 상황이다. 또한, 금융위기 및 코로나 팬데믹을 거치면서 증가한 국가부채로 해외에서의 외교, 군사 활동에 대한 금전적 제약은 커졌다. 미국은 늘어난 정부부채 규모를 감당하며 자국 내 정치적 지지를 유지하기 위해 과거 냉전시대와 같이 핵심지역에서 유럽과 일본이 가세해서 싸워 주기를 바라고 있다. 다만, 이번에는 미국의 역할은 이전보다 더 줄이면서.

우크라이나 전쟁으로 새로운 냉전하의 유럽 전선이 드러나자, 미국은 유럽에 최소한의 지원만 하되 자체적으로 방어하도록 주문하고 있다. 미국이 아시아에서 제대로 중국을 견제하기 위해서는 일본을 동원해야만 한다. 2차대전 직후 소련과의 냉전에서는 유럽이 주요 전장이었지만, 새로운 냉전에서는 상대가 중국인 만큼 동북아시아가 주요 전장이다.

냉전 구도에 있어 일본의 중요성은 소련이 궁지에 몰리던 시절이었던 1983년 5월 소련 공산당 중앙위원회 회의에서 당시 서기장이었던 유리 안드로포프가 한 발언에서 알 수 있다. "서방에서 일어나는 사건의 추이를 살펴보건대, 현재 반소련 연합이 형성되고 있습니다. 매우 위험한 양상입니다. 우리는 일본과의 관계에서 타협을 봐야 합니다. 예를 들어 전략적 가치가 없는 작은 섬(쿠릴 열도)을 함께 발전시키는 방안을 생각해 볼 수 있습니다. 다른 제안도 가능합니다." 그러나 당시 일본 총리였던 나카소네 야스히로 입장에서는 미국과의 관계를 감안할 때 그 정도의 제안은 고려해 볼 필요도 없었다.

3. 새로운 냉전시대를 맞는 일본 산업의 현재

새로운 냉전을 맞은 현재 일본 산업의 규모와 그에 대비한 한국 산업의 위상을 알아보기 위해 일본과 한국의 산업을 경합 산업 위주로 간단히 비교해 보면 다음과 같다.

2022년 한국의 GDP는 1조 6,740억 달러이고 일본의 GDP는 4조 2,320억 달러로, 일본이 한국의 2.5배이다. 참고하자면, 미국의 GDP는 25조 달러이고 중국의 GDP는 18조 달러이다. 주요 산업 중 한국이 일본에 비해 규모에서 우위에 있는 산업은 조선, 반도체 산업 정도이다. 철강, 정유 및 석유화학 산업에서 일본은 내수 위주인 반면, 한국은 수출 비중이 높아 동 산업에 있어 일본과 한국의 규모 차이는 GDP 격차 이하이다. 그러나 글로벌 시장이 형성되어 있고 교역이 활발하게 이루어지고 있는 자동차, 기계제품 및 부품 산업과 전자제품 및 부품 산업에 있어 일본, 한국 간 산업 규모의 차이는 GDP 규모 차이 이상으로 크다.

일본, 한국 산업별 매출 규모 비교 단위: 천억 엔, 조 원

구분		매출액	합산 기업
자동차	일본	726	토요타, 혼다, 닛산, 스즈키, 마쯔다, 스바루, 미쓰비시
	한국	200	현대자동차, 기아
자동차부품, 타이어	일본	251	덴소, 아이신, 스미토모전기, 토요타방직, JTEKT, 코이토제작소, 토요타고세이, 브리지스톤, 스미토모고무
	한국	95	현대모비스, 현대트랜시스, 한온시스템, 현대위아, HL만도, 한국타이어
철강	일본	157	일본제철, JFE홀딩스, 고베제강
	한국	72	포스코, 현대제철, 동국제강
조선	일본	6	이마바리, 오시마, 나무라
	한국	20	현대중공업, 삼성중공업, 한화오션
건설기계, 농기계	일본	86	고마츠, 히타치건기, 구보다, 얀마, 이세키
	한국	20	두산밥캣, 현대인프로코어, 현대건설기계, 대동, LS엠트론
정유	일본	273	이네오스, 이데미추 코산, 코스모
	한국	214	SK이노베이션, GS칼텍스, 에스오일, 현대오일뱅크
석유화학	일본	121	미쓰비시화학, 스미토모화학, 아사히 카세이, 미츠이화학
	한국	102	LG화학, 롯데케미칼, 한화토탈에너지스, SK지오센트릭
제약	일본	98	다케다약품, 오츠카, 아스텔라스, 다이이찌산쿄, 쥬가이
	한국	8	유한양행, 녹십자, 종근당, 한미약품, 대웅제약
전자, 전자부품	일본	686	소니, 히타치, 파나소닉, 미쓰비시전기, 캐논, 다이킨공업, 후지츠, 도시바, 샤프, 신에츠, 니덱, 도쿄일렉트론, TDK, 교세라, 무라타, 키엔스, 섬코, 이비덴, 신코덴키
	한국	178	LG전자, 삼성디스플레이, LG디스플레이, LG이노텍, 삼성전기, 세메스, SK실트론
반도체	일본	16	키옥시아, 르네사스
	한국	347	삼성전자, SK하이닉스

주: 일본 기업은 2023.03. 결산, 한국 기업은 2022.12. 결산 기준

새로운 냉전과 일본 산업의 부활

냉전 종료 이후 30여 년 간 잃어버린 세월을 보냈다고 하지만 일본은 여전히 세계 3위 수준의 경제대국이며, 기계, 전자 및 석유화학산업의 소재, 부품, 장비 생산에 있어 세계 최고 수준의 경쟁력을 보유하고 있다. 여기에 더해 최근 엔화의 약세로 일본 수출기업의 수익성은 큰 폭으로 개선되고 있으며, 원화 약세보다 엔화 약세가 더 강하게 나타나고 있어 한국 기업 대비 일본 기업의 수출가격 경쟁력은 회복되고 있다.

다만, 일본의 무역수지는 2010년대 들어 적자로 전환된 이후 연도별로 부침을 보이고 있다. 또한, 최근에는 엔화 약세에도 불구하고 수출 확대를 통한 무역수지 개선은 과거와 달리 크지 않은 모습이다. 그러나 이는 일본 기업이 생산비용 절감, 현지시장 확보, 환리스크 축소 등을 위해 해외직접투자를 늘려 제조업의 해외 생산 비율을 2011년 18%에서 2021년 26%까지 높였기 때문이다. 일본의 해외직접투자액은 2022년 기준으로 2조 달러를 상회하고 있으며, 그에 따른 소득수지 흑자만 30조 엔을 초과하고 있다. 따라서 일본은 무역수지 부침에도 경상수지는 안정적인 흑자기조를 유지하고 있다. 해외 보유 생산설비까지 감안할 경우 일본 제조업의 역량은 더욱 강력하다.

4. 마치며

싸움에 임해서는, 그것이 전쟁이든 냉전이든 승리를 위한 전략적 우선순위가 자유시장주의 같은 사상보다 더 중요해진다. 미국은 냉전시대에 일본과 협조하며 공산주의 세력을 물리쳐 본 경험이 있으며, 일본

역시 정부 주도의 산업정책 수행에 있어서 탁월한 수완을 발휘한 바 있다. 1980년대 일본의 산업정책, 기업경영 관리기법, 제품개발 역량은 전 세계 국가 및 기업에게 경외의 대상이었다.

냉전시대 경쟁의 핵심은 군비경쟁에서 승리할 정도의 상대적으로 강한 경제력을 확보하는 것이었다. 또한, 군비경쟁의 핵심은 군사적으로 활용될 수 있는 첨단기술의 개발이며, 과거 냉전시대에도 핵전쟁 역량 확충 및 ICBM 등 우주전쟁 시대에 대비하는 기술까지 필요했고 그것이 가장 중요했다. 새로운 냉전시대에도 군사적으로, 산업적으로 압도할 수 있는 첨단기술의 개발이 가장 중요하며 그에 필요한 기술 및 산업적 역량에 있어 미국, 중국을 제외한다면, 일본이 가장 강력하다.

자유시장 시대의 국제화가 저금리와 물가안정을 가져왔다면, 새로운 형태의 냉전에 따른 고관세와 공급망 재구축은 고금리와 인플레이션을 유발하고 있다. 냉전 종료 이후 30여 년간 이어진 평화배당금의 시대는 끝났고, 중국 등의 세력과 맞서기 위한 미국, 유럽 및 일본의 지출 증가는 제반 비용의 상승으로 이어지고 있다. 새로운 냉전 돌입에 따른 비용의 상승은 일본의 숙원이었던 디플레이션 탈출에 기여할 수 있다. 일본도 비용을 지불하겠지만, 새로운 냉전은 일본 경제를 부활시킬 기회로 작용할 수 있다.

일본 산업이 본격적으로 부활한다면 한국의 산업은 어떻게 될까?

참고 문헌

Oqubay, Cramer, Chang and Kozul Wright. 2020. The Oxford Handbook of Industrial Policy. Oxford University Press.

John Mearsheimer. 2018. The Great Delusion. Yale University Press.

Audra J. Wolfe. 2013. Competing with the Soviets. Johns Hopkins University Press.

Odd Arne Westad. 2005. The Global Cold War: Third World Interventions and the Making of Our Times. Cambridge University Press.

5. 미국의 대 중동정책 변화의 방향

미국의 대 중동정책 변화의 방향

김명수

1. 중동 문제의 연원과 본질

우크라이나 전쟁에 이어 2023년 10월 가자 전쟁이 터졌다. 이스라엘군의 가자 진입으로 대규모 인명 손실이 발생하자 후티 반군은 이스라엘을 맹비난하며 홍해를 항해하는 서구 선적 화물선을 공격한다. 미국과 영국은 전투기를 동원해 공습에 들어갔고 연합함대를 구성해 홍해의 안전을 도모할 것이라고 한다. 세계의 화약고 중동에 다시 전운이 감도는 것인가?

1453년 콘스탄티노플 공략 이후 오스만투르크 세력의 서진은 유럽에 실존적 위협(existential threat)이었고 이를 최종적으로 해소한 것이 1916년 영국과 프랑스 간에 체결된 사이크스-피코 협정이다. 오스만투르크의 영토는 이스탄불과 아나톨리아반도로 축소되었고 영국과 프랑스는 무주공산이 된 아라비아반도와 북아프리카 지역을 위도와 경도를 기준으로 마구 자르고 붙이고 지역 토호들과 야합하며 군주국들을 만들어 냈다.

러시아의 남하를 견제하고 인도로 가는 길을 안정시키기 위해 만들어 낸 레반트[1] 지역과 아라비아반도의 인공(Man-made) 국가들이 후일 이슬람과 기독교 문명 간의 뿌리 깊은 원한의 씨앗이 될 줄은 아무도 몰랐다. 어업과 기항지 역할에 그치던 중동의 사막지대가 1·2차대전의 전간기에 일약 석유의 보고로 밝혀진 것이다.

사막과 황무지를 종횡으로 가로지르던 아무 의미 없던 국경선은 이제 유전의 위치에 따라 이권 다툼의 목표물이 되어 버렸다. 중동 땅에 느닷없이 이스라엘이 건국된 것이 문제를 더 심각하게 만든 것은 맞지만, 이스라엘이 사라져야 중동이 평화로워질 것이란 주장은 일면적인 것일 뿐이다. 욕심 많은 군주들은 역사적·종교적·부족적·인종적 이유를 들어, 아니 솔직히 말해 그때그때 아무 이유나 갖다 대며 그 땅이 자신의 것임을, 아니 솔직히 말해 그 유전이 자신의 것임을 주장했다.

2차대전 후 미국은 소련의 남하를 막고 유럽 재건을 위해 중동을 안정시켜야 했다. 신대륙의 석유는 신대륙에서 쓰고, 구대륙의 석유는 구대륙에서 써야 한다면 유럽은 러시아와 루마니아의 유전을 쓰는 것이 제격이지만 소련을 봉쇄해야 하는 마당에 그것은 선택지가 아니었다. 유럽이 중동의 석유를 쓰기 위해서는 중동의 정치를 안정시켜야 했고, 소련의 남하 위협에 시달리는 이란과 사우디를 도와야 했으며, 호르무즈와 수에즈 항로의 안전을 보장해야 했다.

---

1) 이탈리아어로 Levant는 해가 뜨는 땅을 의미함. 일반적으로 지중해 동부 연안인 레바논, 시리아, 이스라엘, 요르단 지역을 뜻한다.

복잡한 태생에 석유 문제까지 겹치자 중동은 전후 지정학적으로 가장 뜨거운 지역으로 떠올랐다. 하루 생산량 900만 배럴에 이르러 자급이 가능하던 미국도 1970년대 들어 400만 배럴로 줄어들자 중동의 안정은 미국에게도 사활적 과제가 되었다. 이란혁명으로 중동의 양대 기둥 중 하나인 이란을 잃자 미국에게 사우디의 가치는 더욱 치솟았고 미국은 유럽 경제, 아니 자국 경제를 위해 전쟁이 끊이지 않는 이 지역에 육해공군을 항상 주둔시켜야 했고 세계 그 어느 지역보다도 중동에 더 많은 군사기지를 보유하였다. 미국이 육상군을 최종적으로 철수한 것은 2021년 아프가니스탄 철군에 이르러서였다.

중동 문제에 개입한 미국은 수많은 전략적 결정을 해야 했고 그 과정에서 적지 않은 실수도 저질렀다. 예를 들어 1953년 선거로 당선된 이란의 모하마드 모사데그 총리를 친위 쿠데타로 실각시켜 이란이 반미로 돌아서는 원인을 제공하였다. 1980~89년 이란-이라크 전쟁에서는 이란의 승리를 막기 위해 사담 후세인을 도운 것은 결과적으로 이라크가 군사대국화하는 데 기여한 셈이 되었다. 2003년 이라크 침공을 감행하였으나 후세인 정권이 무너지자 ISIS의 창궐을 조장한 최악의 결과를 낳았다. ISIS 전쟁을 수행하는 과정에서 손잡았던 쿠르드족을 배신하였고, 20년간 지속된 아프가니스탄 전쟁에서 서둘러 철군하며 수십만에 이르는 미군 협력자들을 버렸다.

2차대전 이후 미국은 식민지 인민들에게 독립과 민주주의를 가져다준 해방자로 다가왔지만, 중동인들에게 미국은 신 제국주의자이자 마키아벨리적 권모술수의 대명사일 뿐이다. 미국은 석유 문제만 아니라면 복잡한 중동 정치에서 발을 빼고 수십 년 동안 쌓인 양자 간의 적대감을 씻어 내고 싶어 한다. 드디어 그럴 때가 왔다.

2. 미국 경제의 예산 제약

지금의 미국은 과거 전성기인 1960년대에 버금가는 강력한 경제를 구축하였다. 1차산업인 농업은 물론, 3차산업 전반, 즉 교육, 금융, 미디어, 엔터테인먼트, 공학 서비스, 빅테크 등 모든 업종에 걸쳐 압도적인 경쟁력을 갖추고 있다. 2차산업인 제조업이 문제였지만 국제무역이 활발한 고부가가치 제품인 자동차와 소비자 전자산업에서 애플과 테슬라의 등장으로 산업주도권을 다시 찾아왔다.

1970년대부터 미국의 골칫거리였던 석유 부족 문제도 해결하였다. 2023년 미국은 하루 1,360만 배럴의 석유를 생산하였고 캐나다로부터 330만 배럴, 멕시코로부터 100만 배럴을 수입해 북미 지역에서 석유 자급을 이룩하였다. 셰일 벤처기업이 난립하던 미국 석유업계도 이제 엑슨모빌, 쉐브론, 옥시덴털 등 대기업 중심으로 인수합병이 완성되어 가고 있고 자신이 퍼 올린 석유를 자신의 석유 정제·분해 시설에 맞게 튜닝하기만 하면 미국은 더 이상 석유를 수입할 필요가 없다. 미국은 몇 년 내 석유와 관련해 중동과의 이해관계가 없어질 것이다.

흔히 미국 경제의 문제점으로 쌍둥이 적자, 즉 무역적자와 재정적자를 지적한다. 그러나 사실 무역적자는 전혀 문제가 되지 않는다.

△8,000억~△1조 불에 이르는 무역적자는 서비스 수지와 이자·배당 등을 포함한 경상수지로 내려오면 △2,000억 불 수준에 불과하다. 여기에 해외에서 유입되는 자본수지와 미국인들이 보유한 70조 달러에 달하는 거대한 금융자산은 1조 달러에 불과한 무역수지 문제를 무색하게 한다.

애초에 무역적자는 달러를 주고 원자재와 자본재를 사와야 하는 한국과 중국 같은 제조업 중심 국가들의 문제다. 기축통화국인 미국은 필요하면 발권력을 동원하며 대외 거래에 임하면 되므로 무역수지에 연연하는 나라가 아니다. 미국의 무역적자는 제조업의 산업 공동화로 고졸자 이하 중산층 일자리가 붕괴한다는 국내 계층 간 소득 분배의 문제일 뿐이다. 따라서 이는 국내 정치적 문제이다.

재정적자 문제는 심각하다. 이미 미국의 정부 부채는 GDP의 120%를 넘어섰고, 코로나 위기 때 한 해에만 재정적자가 GDP의 15%에 이르더니 2023년에도 연간 6.3%를 기록하였다. 유럽의 재정준칙인 연간 3%를 훌쩍 넘어선 수준으로 이제 미국은 더 이상 남유럽 국가들을 비판할 자격이 없다. S&P, 피치는 미국 신용등급을 AA+로 강등하였고, 무디스도 등급은 Aaa를 유지하되 등급 전망은 부정적으로 조정하였다.

재정적자 문제를 해결하기 위해서는 세출을 줄여야 한다. 2년마다 선거를 치르는 민주주의 국가에서 복지 혜택을 줄이기는 어려우므로 연간 8,860억 달러(GDP의 3%, 정부예산의 약 12%)에 달하는 방위비를 손대는 것이 가장 손쉬운 방법이다. 그러나 미국은 1980년대 대소련 압박을 밀어붙이던 레이건 시대처럼 대중국 압박을 위해 군비를 증강해야 하므로 그것도 쉬운 일이 아니다.

이러하므로 미국이 가꾼 국제질서 속에 부자가 된 서유럽과 동아시아의 국가들에게 청구서를 들이미는 것이 정해진 수순이다. 산술적으로 NATO 국가들이 방위비를 GDP의 1%만 증액해도 약 2,000억 달러의 예산 확보가 가능하고, 아시아·태평양 지역의 동맹국들에게도 예산 증액을 요구할 수 있다.

따라서 미국의 선택은 간명하다. 방위비를 감축하여 부채 상환에 쓰든지, 방위비를 써야 한다면 중국과의 군비경쟁에 집중해야 한다. 만일 중동에서 소요가 발생한다면 과거처럼 미국이 개입할 수 없다. 중동은 유럽이 담당해 주어야 한다.

3. 새로운 중동 경찰: NATO

중동은 역사적으로나 지리적으로나 미국이 아니라 유럽의 관심 지역이었다. 페르시아 전쟁과 알렉산더의 동방 원정이 그랬고, 동로마제국이 콘스탄티노플에 수도를 둔 것도 그 이유였고, 십자군 원정과 콘스탄티노플 공방전은 어차피 기독교-이슬람 간의 피장파장이었다. 1945년 이후 폐허가 된 서유럽을 일으키기 위해 미국이 중동 문제에 끼어들었다면, 2020년대의 중동은 이제 유럽의 과제다.

지금은 가자와 홍해에서 국지적 충돌이 생기고 있지만 앞으로는 중동의 어디서든 문제가 생길 수 있다. 올해 1월 이란 솔레이마니 사령관 4주기 추모식에서 발생한 폭탄테러가 박멸되었다던 수니파 IS 소행으로 밝혀진 것이 그 예다. UAE, 카타르, 쿠웨이트 등 군주국들은 부유하지만 허약하고, 이란, 이라크, 시리아 등 공화국들은 배고프고 난폭하다. 걸인으로 가득 찬 난장판 골목 끝에 삐까번쩍한 2층 양옥집이 들어선 꼴이다.

미국이 중동을 그냥 떠날 수는 없으니 아브라함 협정을 주선하고 이스라엘과 사우디를 중심으로 기묘한 동맹을 맺어 대이란 공동전선에 나서라고 주문한다. 전형적인 역내 세력균형 정책이지만 그것이 가능할지는 미지수다. 앞으로 중동에 문제가 발생한다면 과거와 같이 미국이 개입할 것인가? 아마 NATO의 이름으로 유럽이 이 지역에 개입해야 할 것이다. 러시아 석유가 사라진 지금, 유럽은 중동에 의존할 수밖에 없기 때문이다.

미국 공화당의 트럼프 후보는 소련이 사라지고 허약한 러시아로 대체된 지금, NATO가 무엇을 위해 존재하는지 묻고 있다. 언젠가는 한국도 호르무즈와 홍해를 안정시키는 데 기여해야 할지도 모른다. NATO+(나토 플러스)의 일원으로 홍해 연합함대에 참여하기를 요구받는다면 우리는 준비가 되었는가?

이제 단순히 한미동맹을 강화하는 것만으로 우리의 미래가 보장되지는 않을 것이다. 냉전기 한국은 서구 국가들의 보호 대상이었지만, 신

냉전기의 한국은 서구 사회에 어떤 기여를 할 수 있는지 분명히 물을 것이다. 구체적으로 NATO 동맹 체제가 중동 평화라는 새로운 미션을 담당할 때 한국은 어떤 역할을 할 것인지 물을 것이다.

영국의 파머스턴 경은 다음과 같이 말했다. "우리에겐 영원한 동맹도 없고, 영원한 적도 없다. 오직 영원한 국익만이 있을 뿐이다." 그러나 이는 영국의 최전성기, 팍스 브리태니카 시대를 이끈 총리의 말일 뿐이다. 정글이 되어 가는 국제사회에서 한국 같은 소국에게 실수란 용납되지 않을 것이다.

6.
개혁·개방의 종말과 마오쩌둥의 부활

개혁·개방의 종말과 마오쩌둥의 부활

송기종

1. 기이(奇異)했던 2023년 베이다이허 회의

중국 경제의 미래에 의견들이 백가쟁명(百家爭鳴)처럼 제기되는 가운데, 리커창 전 총리의 사망을 계기로 중국의 개혁·개방 정책이 종언을 고했다는 이야기가 나오고 있다. 이러한 가운데, 2023년 9월 5일 자 일본 닛케이신문의 짧은 분석기사가 눈에 띈다. 국내 언론에도 소개된 이 기사는 시진핑 주석이 G20 회의에 참석하지 않은 배경을 분석하면서, 올해 베이다이허 회의를 둘러싼 기이하면서도 긴장감 흐르는 상황을 이야기하고 있다.

'시진핑, 베이다이허 회의에서 국가 운영 방향에 대해 원로들로부터 질책을 받다'라는 기사[1]의 내용을 요약하면 다음과 같다. 첫째, 베이다이허 회의 직전 중국 공산당의 원로들이 따로 모임을 가져 '**만일 지금**

---

1) Analysis: Xi reprimanded by elders at Beidaihe over direction of nation(https://asia.nikkei.com/Editor-s-Picks/China-up-close/Analysis-Xi-reprimanded-by-elders-at-Beidaihe-over-direction-of-nation)

의 정치, 경제, 사회적 혼란에 대해 효과적인 대응이 이루어지지 않으면, 공산당이 대중들의 지지를 잃고, 통치에 위협이 될 것'이라는 의견을 모았다. 둘째, 이 메시지는 쩡칭훙(Zeng Qinghong) 전 국가부주석이 베이다이허 회의 이전에 따로 시진핑 주석을 만나 전달했다. 상하이방으로 분류되는 쩡칭훙 전 국가부주석이 전달자로 선택된 것은 그가 시 주석의 공산당 내 커리어에, 특히 주석으로 선택되는 마지막 순간에 많은 도움을 주었고, 여전히 공산당 내에서 영향력을 가지고 있기 때문으로 보인다. 셋째, 이 메시지를 전달받은 시진핑 주석은 이후 측근들이 모인 자리에서 격노했으며, **"이전 '3명의 리더'들이 만들어 놓은 문제들이 내 어깨에 남아 있다. 10년 동안 이 문제를 해결하고 있지만, 여전히 해결이 안 되고 있다. 왜 내가 비난받아야 하는가?"**라고 불만을 터트렸다.

얼마 전까지, 그러니까 공산당 내 계파정치가 전성기를 누리던 시기에는 베이다이허 회의가 국정 운영과 인사 정책을 결정하고, 권력과 이권을 둘러싼 계파 간 암투가 벌어지는 중요한 모임이었다. 전직 공산당 원로들과 현직 당, 정부 관료들이 이 휴양지에서 비공식 모임을 통해 컨센서스를 형성하고, 여기서 만들어진 정책과 인사 방향이 이듬해 3월 양회(兩會)에서 공식화되는 것이 일반적인 중국의 정치 방식이었다.

하지만, 시진핑 2기 들어 시 주석의 권력이 강화되면서 이 회의는 유명무실해졌다. 권력의 계파 안배 관행이 사라지고, 중요한 정책 및 인사 결정이 시진핑 주석과 그 측근들에 의해 이루어지면서, 노인들의 한물간 충고나 오고 가는 자리가 된 것이다. 장쩌민 전 주석이 사망하고,

후진타오 전 주석이 당 대회에서 끌려 나갔으니 이제는 발언권이 강한 원로들도 거의 남아 있지 않다. 올해 베이다이허 회의에 공산당 원로들이 거의 참석하지 않은 것도 이러한 이유이다.

이러한 가운데, 일부 원로들이 힘을 모은 것이다. 강압적인 코로나 방역 정책에 대한 국민들의 반발, 부동산 시장 침체와 부동산개발사의 연쇄 부도, 부진한 경기 회복세와 높은 청년 실업률, 군과 정부 인사(人事)에서의 불협화음 등이 원로들의 위기감을 자극했을 것이다. 자신들이 만들어 놓은 계파 간 권력 배분과 승계 구조가 무너지면서, 과거 선배들과 달리 홀대받는 자신들의 처지도 한 배경일 것이다. 원로들의 충정은 충분히 이해가 간다.

하지만, 여기에 대한 시진핑 주석의 반응은 음미할 필요가 있다. 그가 했다는 짧은 말에 지금 중국 경제 및 사회 상황과 정책 방향을 이해하는 단초가 있다.

2. 시진핑은 어떻게 '황제'가 되었나?

지금부터 10여 년 전, 그러니까 시진핑이 국가주석에 오르던 2013년 즈음 중국은 소위 잘나가고 있었다. 개혁·개방이 시작된 후 경제성장과 소득 증가로 빈곤율은 급격히 낮아졌으며, 해안가 주요 도시뿐만 아니라 내륙의 도시들에도 마천루가 들어서기 시작했다. 대규모 사회간접자본 투자를 통해 2008년 금융위기를 성공적으로 돌파하면서, 중국이 비틀거리던 글로벌 경제의 구원자가 되었다. 아편전쟁 이후 이어진 오랜 국가적 치욕에서 비로소 벗어난 것이다. 물론, 빠른 경제성장 속에서 빈부격차와 도농 간 소득격차가 확대되었고, 권력층의 부정부패, 공산당 내 파벌의 이익집단화, 과도한 기업 부문 부채 등이 문제로 제기되었지만, 대부분의 사람들에게 이는 어쩔 수 없는 성장의 부작용이자, 향후 관리하면서 해결해야 하는 정도의 과제로 인식되었다.

하지만, 일부 공산당 핵심 세력의 생각은 달랐다. 오히려 **이들의 눈에는 중국 사회와 공산당은 심각한 위기에 빠져 있었다.** 파벌화와 부패로 인해 공산당이 '인민들'의 존경과 사회에 대한 통제력을 잃고 있었기 때문이다. 경제성장 속에서 부를 축적한 민간 엘리트(자본가)들은 공산당의 권위를 무시하고, 이권을 얻기 위한 이용 대상으로 여겼다. 중앙 파벌의 비호를 받는 지방 권력과 이익집단화된 대형 국유기업들은 이들과 야합하면서 사회 곳곳에 부패를 퍼트리고 있었다. 그리고 부패와 빈부격차 확대에 대한 '인민들'의 불만이 확산되는 가운데, 상류층과 중산층에 침투한 서구 문화와 자유주의 이념이 더해지면서 중국 사회는 이념적 혼란에 빠져 있었다. 만일, **이러한 상황을 서방 세력이 이용한다면 가깝게는 '붕괴 직전 소련'이나, 멀게는 '청나라 말기'의 상황으로 중국이 내몰릴 수 있다는 것이 이들이 가진 위기의식의 핵심이다.**

시진핑 주석은 이러한 '위기의식'을 발판으로 '황제'가 되었다. 중요한 변화를 이끌어 내는 데에는 '공포감'만 한 것이 없다. 기존 권력승계 제도는 마오쩌둥 시대의 과오가 재현되는 것을 막기 위해 덩샤오핑이 설계한 것이다. 그리고, 그 유훈을 지키고 있었던 것은 권력투쟁으로 잔

뼈가 굵은 공산당의 원로와 파벌 세력이었다. 이들의 저항, 특히 자신을 선택해 준 상하이방의 저항마저도 뚫어 내면서 자신에게 권력을 집중시킬 수 있었던 것은 서구 세력, 서구 문화, 서구 사상이 중국에 침투하여, 결국 '공산당이 인민들에 대한 통제력'을 잃게 될 수 있다는 공포감을 이용해서 공산당 핵심 세력의 지지를 이끌어 냈기 때문이다. 강력한 반부패 정책과 실질적인 파벌 해체, 문화와 사상에 대한 통제 강화, '공동 부유'를 명분으로 한 정부의 경제 개입 확대, 서방 자본이 투자한 IT기업의 해체와 사실상의 국유기업화, 그리고 지방 권력과 유착했던 민간 부동산개발회사에 대한 규제 강화까지 시진핑 정부의 주요 정책기조는 모두 이러한 맥락에서 이해될 수 있다.

그리고 마침 2017년 트럼프 정부 출범 이후 고조된 미국과 중국 간의 갈등 고조가 공포감 전략에 순풍이 되었다. 트럼프 정부의 중국에 대한 공공연한 적대적 발언들은 그동안 '가상의 위협'으로 인식되었던 것들을 '현실의 공포'로 만들었기 때문이다. 적 앞에서 분열할 수 없다는 논리는 그동안 터부시되었던 권력 집중에 정당성을 부여했고, 전 주석이자 유력 파벌의 핵심 원로인 후진타오를 공산당 당 대회에서 끌어내는 상징적인 사건을 만들어 내면서 주석 3 연임에 성공했다. 파벌 해체와 권력 집중을 통해 실질적으로 견제 받지 않는 권력을 만들었다는 측면에서 가히 '황제'라고 할 수 있다.

시진핑 주석과 현재 중국의 핵심 권력층 입장에서 덩샤오핑의 개혁·개방 이후 중국에 번영을 가져온 기존의 성장 모델과 정치 시스템은 존중과 계승의 대상이 아니라 청산의 대상이다. 기존 방식을 유지한다면 공산당은 통제력을 잃을 것이고, 중국은 미국의 국제질서에 편입된 이류 국가에 불과한 신세를 면치 못할 것이기 때문이다. 자칫하다가는 청나라처럼 서구 열강의 지배하에 분열될 수도 있다. 기존의 정치 방식과 성장 방식을 청산하고, 새로운 비전을 제시함으로써 파국을 막고, 중국을 미국과 대등한 위치에 올려놓아 '중화민족의 위대한 부흥'을 이끌어 내는 것이 시진핑 장기 집권의 정당성이다.

후진타오와 장쩌민, 그리고 덩샤오핑[2], 이들 '3명의 리더'들이 만들어 놓은 문제들이 어깨에 남아, 10년 동안 이 문제를 해결하고 있지만 여전히 해결이 안 되고 있는 상황에서 청산의 대상인 소위 '원로'들이 충고를 빙자하여 기득권을 지키려는 모습에 시진핑 주석은 어이가 없었을 것이다. 그의 반응을 이해할 만하다.

3. 개혁·개방의 종말과 중국 경제의 미래

1) 마오쩌둥 정신의 부활

앞에서 설명한 올해 베이다이허 회의를 둘러싼 기이한 사건은 시 주석의 경제, 사회, 정치에 대한 인식이 이전 '3명의 리더', 그리고 과거

---

2) 덩샤오핑의 장남인 덩푸팡(鄧朴方)은 올해 9월 중국 장애인연합회(CDPF) 명예주석에서 퇴진했다. 그는 1968년 문화대혁명 때 홍위병의 협박에 시달리다가 베이징의 한 건물 3층에서 몸을 던진 후 하반신이 마비되었다. 2018년 9월 장애인연합회 총회에서 그는 시진핑 주석이 덩샤오핑의 유훈인 '도광양회(韜光養晦)'를 버리고, 서방과의 대결 구도를 강화하는 것을 비판했다고 알려져 있다.

공산당 엘리트가 공유했던 것과는 근본적으로 다르다는 것을 상징적으로 보여 주고 있다. 이제 '개혁과 개방'으로 상징되는 중국의 기존 경제, 사회 성장 모델은 끝났다. 더불어, '흑묘백묘(黑猫白猫)' 같은 실용주의적 접근은 중국에서 더 이상 찾아볼 수 없게 되었다. 오히려, **'정치적으로 올바르다면, 어느 정도의 희생은 어쩔 수 없다'는 마오쩌둥 시대의 정신이 지배적**이다. 과거 같으면 적절한 타협책을 모색했을 서방과의 분쟁에서도, 오히려 이를 국내 정치에 이용하면서 비타협적인 태도로 일관하고 있다. 중국의 정책 방향에 대한 우리의 해석 방식이 변해야 한다.

시진핑 정부의 경제정책을 '개혁·개방 시대'와 비교하면, 두 가지 점에서 중요한 차이를 보인다. **첫째, 통제되지 않는 민간 영역과 시장경제가 아니라 정부가 원하는 영역, 특히 서방 진영으로부터 기술적으로 독립하기 위한 첨단 산업에서 성장을 추구한다는 것이다.** 알리바바 그룹의 창업가인 마윈이 공개석상에서 정부의 금융규제 방식에 대해 공개적으로 비난한 사건이나 부유층의 불법적인 외환 우회 반출(실질적인 재산의 해외 도피)은 민간 영역의 성장이 정부와 공산당의 통제력에 위협이 된다는 것을 보여 주고 있다. 그러므로, 더 이상 민간 부문과 시장경제 중심의 성장은 중국 정부가 원하는 방향이 아니다. 오히려, 점점 격해지고 있는 서방 진영의 견제와 미래에 닥칠지 모를 분쟁에 대비하기 위해 첨단기술 분야의 독립이 더욱 중요해졌다. 이러한 배경에서 민간의 영역인 E-commerce나 부동산 건설 등에 그동안 집중되었던 자원을 각종 행정지도, 금융정책 등을 통해 전기차, 반도체, 환경기술 등 첨단기술 및 공급망 독립을 위한 필수 분야로 돌리는 것이

현재 중국의 중요한 정책 기조이다.

두 번째 방향은, 경제성장 과정에서 과거와 같은 부작용을 원천적으로 봉쇄하는 것이다. '개혁·개방' 시대의 정책 방향이 기본적으로 성장을 첫 번째 목적으로 하고 그 과정에서 부작용을 적절하게 관리하는 것이었다면, 이제는 부작용을 원천적으로 차단하는 것이 주안점이다. 과도한 기업 부문(부동산개발사와 국유기업 및 LGFV) 부채나 빈부격차의 확대, 부동산 가격의 급등과 같은 문제들은 이념적으로 바람직하지 않을 뿐 아니라, 사회적, 경제적, 정치적 안정을 저해함으로써 서방 세력에게 약점을 노출시키는 것이기 때문이다. 시진핑 주석은 전임 후진타오-원자바오 정부가 2008년 금융위기 극복을 위해 추진한 대규모 사회간접자본투자에 대해 지나치게 많은 부작용을 만들어 냈다는 이유에서 부정적인 시각을 가지고 있는 것으로 알려져 있다. 과거 성장 모델의 부작용을 해소하고 차단하여 사회적, 경제적 안정을 되찾는 것, 그럼으로써 서방과의 대결 시에 약점을 노출시키지 않는 것이 시 주석 집권의 중요한 명분이면서 동시에 정책 기조이다.

2) 새로운 정책 방향은 성장을 만들어 낼 수 있을까?

그렇다면, 지금 시진핑 주석과 핵심 권력층이 추구하는 정책 방향은 과연 '중화민족의 위대한 부흥'을 이끌어 낼 수 있을 것인가? 어려운 질문이지만, 적어도 '과거' 중국의 경제성장 경험에 비추어 볼 때, 두 가지 이유에서 전망은 그리 밝지 않다.

첫째, 정부가 통제하는 영역에서의 성장을 추구한다는 점에서 현재의 정책 방향은 과거 중국의 성장 방식에 반한다. 개혁·개방 이후 중국의 경제성장은 언제나 '통제를 벗어난 영역'에서 이루어졌다. 마오쩌둥 시기에 무너진 농업 생산성을 회복시킨 방법은 대단한 것이 아니라, 농민들에게 아주 제한적인 범위에서 사적 이익을 위한 재배를 허용하는 정책이었다. 과도한 중공업 우선 정책으로 인해 발생한 경공업 제품의 부족 사태를 해결한 것도 특별한 것이 아니라 농촌에 '향진기업'이라는 집체 소유 기업의 활동공간을 제한적으로 열어 준 것뿐이었다. 공업 부문의 비약적인 도약도 특별한 개발정책에 의해서라고 하기보다는 '경제특구'라는 제한적인 공간에서 외국의 자본과 기술이 중국 내 인적 자원과 융합할 수 있도록 '허용'한 것이 거의 전부였다.

이 시기 중국의 개혁 입안자들에게 관심의 초점은 성장을 가속화하는 것보다는 '통제를 벗어난 영역'에서 발생한 시장경제가 기존의 '통제받는 영역'에 과도한 혼란을 일으키지 않도록 조심스럽게 속도를 관리하는 것이었다. 물론, 이러한 '관리'는 시장경제의 성장을 막기 위한 것이라고 하기보다는 '통제받는 영역'의 기득권자들에게 적응할 시간을 주어, 개혁에 대한 저항을 완화하기 위한 것이었다. 또, 한 가지 주목해야 하는 것은 이 모든 개혁 과정 속에서도 공산당 통제의 핵심적인 부분, 즉 에너지, 교통인프라 분야의 거대 국유기업과 대형 은행 등에 대한 공산당의 통제력이 유지되었다는 점이다.

얼마 전까지 우리가 보았던, 어느 시장경제보다 발전되고 활기찬 민간 경제 부문과 놀랄 만큼 경직되고 낙후된 공공 경제 부문, 법률제도

등이 공존하는 중국의 모습은 이러한 경제성장 방식이 누적된 결과였다. 그리고 2010년 초반까지 많은 사람들은 시간이 지날수록 중국의 역동적인 민간 경제 부문이 성장하여 경제구조를, 그리고 누군가의 기대에서는 정치구조를 선진화할 것이라고 전망했다.

하지만, 앞에서 살펴본 것과 같이 시 주석의 경제정책은 그동안의 성장 방식을 부정하면서, 정부가 통제하는 영역에서의 성장을 추구하고 있다. 물론, 정부가 육성하고자 하는 첨단산업 분야에 한해서 민간 분야의 활동공간을 허용하고, 국유기업 경영자들에게 적절한 인센티브를 제공한다면 해당 분야는 성장할 수 있을 것이다. **그러나, 몇몇 산업 분야의 성장만으로 전체 경제의 성장을 만들어 내기에는 중국의 경제 규모가 너무 커졌다. 다양한 영역에서 욕망과 경쟁, 기업가 정신이 뒤얽힌 역동성을 만들어 내지 못한다면 충분한 일자리와 만족스러운 성장을 만들어 내지 못할 것이다.**

둘째, 시 주석의 경제정책은 서방과의 교류가 경제성장에서 가지는 중요성을 간과하고 있다. '과거' 중국의 경제성장은 기술적 측면(기술 및 자본재 수입)과 최종 수요(수출) 측면에서 서방 선진국과의 긴밀도를 높이면서 진행되었다. 앞에서 언급한 '경제특구' 모델은 중국 제조업이 현대화되는 시발점이었으며, 이후에는 기술과 자본재를 수입하고, 최종재를 수출하는 방식의 교류를 확대하면서 비약적인 성장을 이루었다.

물론, 2000년대 중반 이후 해외자본의 중요성이 크게 감소한 것은 사실이다. 중국 정부는 의도적으로 서방 선진국과 자본 측면의 교류(통합)를 제한해 왔다. 이와 더불어, 높은 교육열과 R&D 투자를 통해 기술적 Catch-up도 빠르게 진행되었다. 중국과 서방(특히, 미국)의 대결 구도가 격해지고, 제재 강도가 높아지는 상황에서도 어느 정도 버틸 수 있다고 생각했을 수도 있다. 하지만, 이는 두 가지 점을 간과한 것이다.

간과된 첫 번째 점은 장기적으로 기술의 발전은 결국 고급 기술이 체화된 제품에 대한 수요를 기반으로 한다는 것이다. 어떤 기술이 어떻게 제품화되고, 어떤 방향으로 발전하는지를 결정하는 데에는 기술적 요인과 최종 수요가 모두 중요하다. 과거 소련의 기술자들이 미국 제품을 보고 기술개발 방향을 정했다는 이야기가 이를 보여 주고 있다. 중국 기업이 R&D 투자를 통해 개발한 기술집약적 상품들은 러시아나 아프리카 국가, 베네수엘라나 아르헨티나가 아니라 고급 제품에 대한 수요가 풍부한 북미나 유럽, 일본, 호주에 팔아야 한다. 그래야만, 추가적인 R&D 투자 재원을 확보하면서 서구 기업들과 계속해서 기술 경쟁을 할 수 있다.

간과된 두 번째 점은 단기적으로 중국은 자원과 자본재 수입을 충당하기 위해 수출에 의존할 수밖에 없다는 것이다. 위안화가 무역 활동, 특히 에너지(원유와 가스) 교역의 결제통화로 확고한 지위를 얻는다면 이야기는 달라질 것이다. 위안화 국제화를 위해 중국이 고군분투하는 이유 중 하나이다. 그러나 아직까지 국제 교역에서 위안화의 지위는 주변부에 머물고 있다. 여전히 수출을 통한 외화 획득이 경제활동을 지속하고, 성장을 만들어 내는 데 필요하다는 의미이다. 그리고, 여전히 중국이 의미 있는 수준의 무역흑자를 내는 지역은 서구 지역이 전부이다.

과거 '개혁·개방' 시대에 중국 개혁가들은 중국의 경제적, 사회적 발전을 위해 시장경제의 역할이 점차 확대되어야 한다는 데 대체로 동의했다. 그리고 **시장경제의 역할을 어느 정도 속도로, 어디까지 확대할 것인지에 대해 치열하게 고민했다.** 어떻게 하면 부작용과 기득권의 저항을 관리하고, 공산당의 통제력을 유지할 수 있는지도 중요한 정책적 관심사였다. 그러나 **이제 중국에서 시장경제와 민간기업은 정치적 목적, 즉 시진핑 주석이 장기집권을 정당화하기 위해 설정한 전략적 과제들을 달성하기 위해 이용되고 관리되는 도구로 전락했다.** 더 이상 독자적인 발전은 허용되지 않고, 이용 가능성이 증명되는 범위에서만 존재할 수 있다. 이것이 중국에서 '개혁·개방'의 종말이 가지는 진정한 의미이다.

4. 위기 혹은 장기 침체

그렇다면, 조만간 부동산 시장의 거품 붕괴, 지방정부 재정위기(혹은 LGFV의 대규모 채무불이행), 청년실업 문제 등등이 중국 경제를 위기로 몰고 갈 것인가? 아마도 1998년 아시아 외환위기나 2008년 미국 서브프라임 사태와 같이 우리가 흔히 알고 있는 위기가 발생할 가능성은 매우 낮아 보인다. **문제가 쌓이고 있기는 하지만, 도화선이 없기 때문이다.**

선진국과 신흥국의 많은 경제위기는 결국 금융시장의 '자경단(vigilante)'이라는 세력이 시장을 흔들면서 촉발된다. '자경단'은 조직화된 단일한 집단은 아니지만, 어떤 취약점을 이용하여 이익을 볼 수 있다는 것이 밝혀지면 벌 떼처럼 단합된 힘으로 달려들어 공격한다. 이들은 타인의 불행으로 이익을 얻는 악당이지만, 동시에 시장경제의 효율성을 시장을 통해 수호하는 민간 '자경단'이다.

하지만 중국은 금융시장 자경단이 활동할 수 있는 공간이 아니다. 외국인들의 중국 내 금융시장에 대한 접근은 의도적으로 제한되어 있으며, 외환시장은 철저하게 통제되고 있다. 중국 내 금융시장은 중앙정부가 통제하는 대형 국유 은행의 지배하에 있으며, 지방정부가 주주인 중소형 은행마저 최근에는 시장점유율이 축소되고 있다. 누군가가 부동산 시장의 거품 붕괴를 예측하고 이를 이용하여 돈을 벌려 한다면, 부자가 되기보다는 공안에 체포될 것이다.

물론, 중국에도 이러한 자경단이 전무한 것은 아니며, 소극적 의미의 자경단이 있기는 하다. 고도성장기 동안 부를 축적한 민간 자본가들이다. 2016년 카일 베스(Kyle Bass)가 중국의 기업 부문 부채 문제와 은행의 부실화 전망을 근거로 자경단의 봉기를 선동했을 때, 이들은 이러저러한 편법적인 방식으로 중국 내 자산을 해외로 빼돌리고 있었고, 이는 위안화의 추세적인 절하에 영향을 주었다. 이는 국제수지표(Balance of Payment)상 '오차 및 누락(Net Errors and Omissions) 항목'의 추이를 보면 어느 정도 짐작할 수 있다. 원래 이 항목은 설명되지 않는 외환의 유출입을 합해 놓은 항목으로서, 정상적인 상황이라면 규모가 크지 않으며 평균적으로 0을 나타내야 한다. 그러나, 중국의 경우 2016년을 기점으로 유출 규모가 커졌다.

하지만, 중국 내 자경단의 활동은 중국 경제를 위기로 몰고 가기에는 약하다. 적극적으로 이익을 추구하기보다는 수동적으로 손해를 줄이는 것에 불과하기 때문이다. 무역금융이나 투자활동을 빙자하여 호주나 캐나다의 부동산을 매입하는 방식으로 재산을 도피시키는 정도로는 외환, 금융시장에 파장을 만들 수는 없다. 게다가, 정부의 금융 통제가 점차 강화되고 있기 때문에 이들의 재산 도피도 점점 어려워지고 있다.

위안화 대비환율 vs BoP상 오차 및 누락 항목

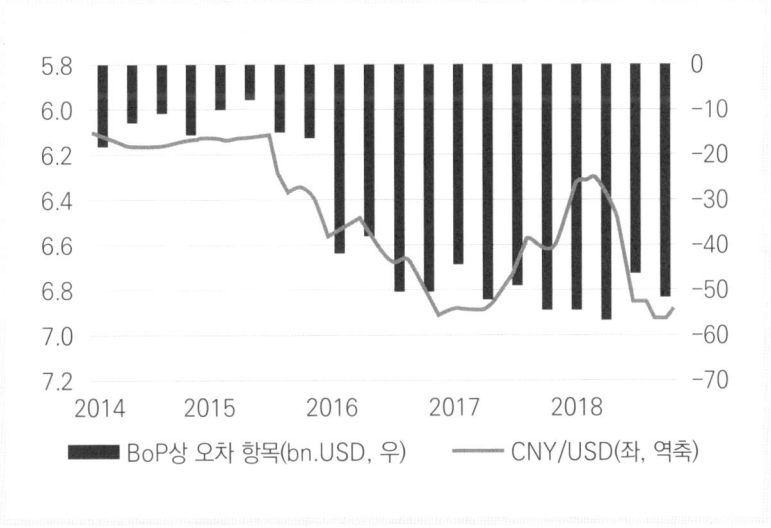

자료: China State Administration of Foreign Exchange
주: 'BoP상 오차 및 누락 항목'은 직전 4분기 평균

개혁·개방의 종말과 마오쩌둥의 부활

위기와 청산을 통한 문제의 해소가 없다면, 남는 것은 활력을 잃은 '반(半) 좀비 경제'밖에 없다. 성장률의 숫자는 다르겠지만, 일본의 잃어버린 20년에 비견되는 상황일 것이다. 민간 부동산 개발사와 LGFV(Local Government Financing Vehicle)의 부실채권을 깔고 앉아 있는 은행과 금융회사들은 정부가 육성하고자 하는 첨단기술 분야에 자금을 제공하고 나면, 다른 부문에 공급할 자금은 거의 남아 있지 않을 것이다. 신규 저축의 상당 부분은 부동산 시장 침체로 인해 토지를 팔 수 없게 된 지방정부의 재정을 충당하는 데 사용되어야 할 것이다. 자신들이 갑자기 '공동 부유' 정책의 적으로 지목되어 삼엄한 감시의 대상이 된 것을 깨달은 민간 자본가들은 투자활동을 접고 재산을 안전하게 빼돌리는 데 집중할 수밖에 없을 것이다. 민간 부동산개발 회사는 청산과 국유화를 통해 대부분 사라지고, IT 및 E-commerce 기업들은 정부의 통제하에 편입되면서 역동성을 잃어 갈 것이다.

물론, 중국의 소득수준은 아직 낮고, 다양한 분야의 Catch-up 효과가 남아 있기 때문에 어느 정도 수준의 지표상 성장률은 달성이 가능할 것이다. 때로는 정부가 육성하는 첨단기술 분야에서의 놀라운 성과가 나타날 수도 있다. 그러나, '과거'와 같이 활기찬 민간 부문이 주도하는 지속 가능한 성장을 기대하기는 어렵다. 기본적으로 기업가 정신이 사라진 시장경제에서 진정한 경제성장은 없다.

중국의 경제가 역동성을 잃는 것은 우리나라 입장에서 좋은 일은 아니다. 개별 산업에서의 경쟁 관계, 안보상의 손익 등을 복합적으로 계산해야 하지만, 아무래도 주요 교역국의 경제가 침체되면 득보다 실이 많을 것이기 때문이다. 여기에, 시진핑 주석의 철학이 만들어 내고 있는 중국과 서방과의 대결 구도와 글로벌 경제의 블록화 경향까지 고려하면, 중기적으로 우리나라를 둘러싼 환경은 부정적일 수밖에 없다.

하지만 어차피 과거에도 우리를 둘러싼 환경이 우호적이었던 경우는 손에 꼽을 정도로 많지 않았다. 그 속에서도 우리 기업들이 기술개발의 역동성을 유지하고, 정부가 국민경제의 효율성을 높이는 방향으로 노력하면서 결국 살아남고 성장했다. 미국을 중심으로 재편되는 글로벌 공급망 속에서 우리나라 기업들의 자리가 아직 있다는 것도 그나마 다행스러운 일이다. 어려운 환경 속에서도 우리 기업들의 선전과 기업가정신을 다시 한번 기대해 본다. 그리고 혹여 우리도 기업들의 활력과 역동성을 억누르고 있지는 않은지 다시 한번 되돌아봐야 할 때이다.

7.
진로를 찾아 나가는 한국 경제

진로를 찾아 나가는 한국 경제[1]

김명수

1. 엇갈리는 세 대륙

1) 지역별 성장률의 등락

최근 미국·EU·중국의 경제성장률이 발표되었다. 미국의 2023년 1분기 성장률은 2%로 예상치를 상회하는 것이었고, EU는 -0.1%, 그중 EU 경제의 엔진이라 할 수 있는 독일의 성장률은 -0.3%로 2022년 4분기 -0.5%에 이어 2분기 연속 감소하였다. 중국도 연말부터 계속된 코로나 락다운 해제 후 처음으로 측정된 2023년 2분기 온기 성장률이 6.4%에 그쳐 7%의 시장기대 수준을 하회하였다.

미국은 활황이나 EU와 중국에는 디플레이션의 기운이 감돈다. 미국이 활황일 때 EU와 중국이 동시 불황의 조짐을 보인 것은 냉전 와해 이후 처음 있는 일이다. 이것은 일시적 현상인가, 아니면 구조적 변화인가?

---

[1] 본고는 2023년 7월 31일 발표된 것이다.

한국 경제는 생산물의 70%를 해외에 수출하여 유지된다. 해외시장의 경기변동과 지역별 발전 잠재력을 예측하는 것은 한국 경제의 사활적 과제다. 세계 경제의 중심축인 미국, EU, 중국이 각각 다른 색깔의 신호를 보일 때 우리는 어떤 등대를 보고 항해해야 하는가? 과연 세계 경제는 수축하고 있나, 팽창하고 있나? 불확실성의 시대를 맞아 한국 경제는 앞으로 공격해야 하나, 수비해야 하나?

2) 세계화 시대 성장 공식의 와해

1991년 냉전 종식 후 WTO 규칙 아래 처음으로 한 몸이 된 세계 경제는 지난 30년 동안 지속적으로 동조화(coupling) 현상이 강화되어 왔다. 1998년의 동아시아 외환위기, 2008년의 서브프라임 위기, 2010년 유로존 금융위기가 있었지만 호황과 위기의 반복 속에 세계 경제는 단 하나의 '글로벌 이코노미'로 진화하였다. 미국 경제가 어려우면 동아시아도 어려워지고, 유로존이 요동치면 월가도 같이 춤을 추었다.

그것은 세계 경제가 하나의 거대한 유기체로 진화했기 때문이다. 미국은 실리콘밸리의 혁신기업들을 앞세워 인터넷과 모바일 혁명으로 세계시장을 휩쓸었다. 주머니가 두둑해진 미국 소비자들에게 안길 값싼 상품은 중국에서 만들었다. 일본, 독일 기업들은 처음에는 조심스레 중국에 시설과 장비를 수출하다 나중에는 아예 중국에 거대한 공장을 차렸다. 일본 기업들은 엔고로 채산성이 떨어지자 중국에 현지법인을 직접 설치하는 편을 택했고, 독일 기업들은 EU 시장을 제패한 후 더 큰 중국 시장으로 나아갔다.

 중국은 밀물 같은 외자 유입으로 고도 경제성장을 이루었다. 일본 경제는 20년 불황에 시달렸지만 일본 기업들은 발 빠른 현지화로 엔고 폭풍 속에서 살아남았다. 독일 기업들은 유럽을 넘어 동아시아로 무대를 넓히며 세계 제조업의 챔피언으로 등극했다. 한국, 대만도 이 대열에 합류하였다. 러시아, 호주, 브라질 등 신흥 자원 대국들은 이들 나라에 열심히 원자재를 실어 날랐다. 모두 점점 부자가 되어 갔다.

 미국의 번영은 중국의 번영으로 이어지고, 이는 곧 일본과 독일, 러시아와 호주의 번영으로 이어진다. 미국은 혁신·금융·소비를 담당하고, 일본·독일·한국·대만은 기초소재, 중간재와 자본재를 공급하고, 중국은 이를 최종 조립하여 공급하는 국제분업 구조다. 빈곤한 농촌을 벗어나 처음으로 국제분업 무대에 참여한 중국의 근로 계층은 서서히 중산층 대열에 합류하며 중국 내수시장이라는 또 하나의 성장엔진을 장착한다. 미·중 패권 경쟁과 코로나 와중에도 이러한 모델은 계속 작동하였고 2022년 중국의 대미 무역흑자는 사상 최고치를 경신하였다. 그러나 2023년 초 코로나 락다운이 해제된 지금, 이러한 국제분업 모델이 와해되어 가고 있다.

2. 불안한 대륙, 유럽

1) 녹아내리는 독일

EU의 마이너스 성장은 엄밀히 말해 독일의 침체 때문이다. 2023년 1분기 현재 G20 국가 중 마이너스 성장을 보여 준 국가는 독일이 유일하다. 독일 경제에서 제조업은 20%를 담당하고 독일 인구의 10%, 810만 명이 제조업에 취업하고 있다. 미국, 영국은 제조업이 10% 수준이고 취업인구도 5%에 불과한 데 반해 독일은 그 2배다. 독일 경제의 침체는 제조업 불황으로 인한 것이다.

그 원인은 모두가 알다시피 우크라이나 전쟁에 따른 러시아 에너지 단절 때문이다. 국제가격보다 저렴한 가격으로 공급받던 러시아 에너지가 끊기자 독일 경제의 유일한 이점이 사라지고 기업들의 경쟁력이 바닥으로 추락했다. 독일 정부는 급히 2,000억 유로의 에너지 보조금을 마련해 기업들에 퍼 나르고 있지만 2023년 3월 기준 독일 산업 생산은 3.4% 감소하였다. 자동차 생산은 6.5%, 기계 및 장비류는 3.4%, 건설업은 4.6% 감소하였다. 수출은 5.2% 감소하였고 내수시장 소매판매도 2.4% 감소하였다.

문제는 이것이 이제 시작이라는 점이다. 국제가격을 맞추지 못하니 해외 오더가 끊기고, 고온·고압의 에너지가 필수적인 자동차, 기계, 철강, 화학 공장들이 문을 닫는다. 정부가 2년간 에너지 보조금 지급을 약속했지만 기업들은 그 예산이 지속 가능하지 않다는 것을 몸으로 안다.

독일 사회당 연립정부는 지난 3년간 코로나 팬데믹과 우크라이나 전쟁으로 인한 재정확대를 마감하고 2024년에 재정 정상화로 돌아갈 것을 선언하였다. 3년간 재정확대로 독일 정부는 5,070억 유로의 새 부채를 얻어 2019년 GDP 대비 부채비율이 59.6%에서 2023년 67.7%로 상승하였다. 독일이 EU 국가들에게 부르짖는 재정건전성 비율 한도 60%를 스스로 무너트렸다.

독일에게 EU 리더십은 사활적 과제다. EU의 결속과 유로존의 안정을 위해서는 독일 정부 재정의 건전성이 지켜져야만 EU 회원국들에 대한 발언권을 행사할 수 있다. 독일 정부는 연방 예산을 2023년 4,760억 유로에서 2024년 4,457억 유로로 303억 유로, 9.4% 감소시키기로 했다. 국방비를 제외한 모든 예산을 감축시킬 것이다. 예산 감축은 독일이 유럽 재정안정의 모범국가로 복귀하고자 하는 의지의 표명이다.

살길을 찾아야 하는 독일 기업들은 해외 이전을 서두른다. 2022년 한 해 동안 독일 기업의 해외 투자는 1,350억 유로인 반면, 외국 기업의 대독일 투자는 105억 유로에 그쳤다. 유입액 대비 유출액이 13배에 이르는 실로 가공할 수치다. 독일연방산업협회(Federal Association of German Industry)가 400개 중견기업을 조사한 결과 16%가 이미 생산의 일부를 해외로 이전하고 있고, 추가로 30%는 이전을 준비하고 있다.

해외 투자의 70%는 유럽 내 다른 나라들이고 그 외는 주로 미국과 중국이다. 시장이 크고 성장률이 높은 미국이 이들의 주요 행선지인 것은 당연하지만 대중국 투자도 증가하고 있다. 독일 재무장관 크리스티안 린트너는 독일 경제의 과도한 중국 의존을 경고하며 기업들에 중국과의 디리스킹(De-risking)을 요구하지만 독일 기업들의 투자 방향은 그 반대다.

2022년 중국과의 교역액은 3,000억 유로를 넘었고, 독일의 대중국 FDI는 115억 유로로 그 누적액은 1,140억 유로이다. VW, BMW, M-Benz는 모두 중국을 자신들의 최대 시장으로 보고 있고, BASF와 지멘스도 중국에서 시장지위를 방어할 것이라고 선언하였다. 유럽 관리들은 독일 기업들이 독일 정부와 디커플링 하고 있다고 비꼰다. 정책은 춤추고 기업들은 흩어지고 실업자가 늘어 간다.

국민경제모형에 따르면 일국의 GDP는 소비, 투자, 정부 구입, 순수출로 구성된다(Y=C+I+G+Ex-Im). 채산성 악화로 수출이 감소하니 (Ex↓) 기업들이 문을 닫고 해외로 옮긴다(I↓). 고용이 감소하니 내수도 감소한다(C↓). 정부는 부채비율을 맞추기 위해 정부지출을 줄인다 (G↓). 소비, 투자, 정부 구입, 수출 모두 감소하니 GDP가 축소되는 것은(Y↓) 삼척동자도 알 일이다.

다만 독일 정부 재정은 아직 건실하고, 기업들의 재무상태도 양호하며, 가계 저축도 충분하다. 따라서 독일 경제가 날개 없이 추락하는 일은 없을 것이다. 그러나 독일 경제는 일본의 잃어버린 20년 불황처럼 서서히 녹아내릴 것이다.

2) 불안한 유럽

EU의 두 축인 독일과 프랑스는 양국의 경제적 관심사를 상호 양해하며 균형을 이루어 왔다. 제조업 중심의 독일은 자유무역과 유로화 안정화에 정책의 최우선 순위를 둔 반면 프랑스는 농업정책의 자율성을 중시한다. 유로화 안정이 목표인 ECB는 인플레이션을 체질적으로 싫어하는 분데스방크 출신 독일 관리가 지배하고 프랑스는 ECB 내 독일의 리더십을 묵인한다.

금리인상을 주저하던 ECB는 비록 FRB보다 늦게 발동을 걸었지만 그 속력은 결코 뒤지지 않아 2023년 7월 이자율을 3.75%로 올렸다. 지난 3년간 코로나로 인한 일시 지원금, 에너지 보조금 등 각종 지출 파티로 각국 정부의 재정건전성은 악화되었다. EU 소속 국가 중 프랑스, 이탈리아, 스페인, 그리스, 벨기에 등 9개국은 정부부채가 GDP의 100%를 초과한다. 이자율 인상은 이들 국가의 재정과 금융시장에 큰 영향을 미친다.

이탈리아 정부가 나서서 ECB에 대한 격렬한 비난을 토해 낸다. 정부 부채비율이 높고(144%) 제조업 비중이 높은 이탈리아는 기업의 활력과 금융시장 안정을 위해 낮은 이자율을 유지해야 한다. 이탈리아 재무장관은 ECB가 금리를 더 올리는 것은 "지각없고 해로운 일이며 리세션을 불러일으킬 것"이라고 경고한다.

독일과 중부유럽은 러시아 에너지에 전적으로 의존해 왔지만 그 외국가들의 사정은 다르다. 스페인은 LNG를 쓰고 프랑스 남부, 이탈리아는 지중해를 통해 북아프리카와 파이프라인으로 연결되어 있다. 이들 국가들은 러시아 에너지 없이 살 수도 있고 제조업 비중도 낮아 인플레 안정화, 양호한 고용지표, 낙관적인 성장 전망을 보이고 있다. 2023년 6월 유로존 인플레이션율은 5.6%로 낮아졌고 스페인은 물가 목표치 2%보다 낮은 1.6%로 떨어졌다. 이탈리아도 우크라이나 전쟁 발발 후 최저치인 6.7%로 떨어졌다. 유로존 실업률도 6.5%로 사상 최저치 수준이다.

이들 국가들 입장에서 금리를 올릴 이유가 무엇인가? 이자율을 올려 인플레이션을 잡으려다 미국 SVB 사태와 같이 뱅크런이 발생한다면 어떻게 할 것인가? ECB는 미국 FRB처럼 고객 대출을 무제한으로 보증할 것인가? 유럽에도 J.P.모건 같은 튼튼한 민간금융회사가 있어 부실금융기관의 백기사 역할을 해 줄 것인가? 운명의 날(Doom's day)을 가정한 FRB의 경제 시나리오 분석에서 미국 은행들은 5,410억 불을 잃더라도 여전히 손실을 흡수할 여력을 가지고 있다고 분석되었다. 유럽 은행들은 과연 그런 능력을 갖추고 있는가?

유럽 은행들은 장기채권과 대출상품에 크게 의존하고 있어 이자율 상승의 영향을 더 받는다. ECB는 구제금융이 법으로 금지되어 있고, 도이체방크와 UBS는 더 이상 건강하지 않다. 장기채권과 상업용 부동산들이 손실 더미에 신음하자 유럽 금융시장은 매 분기 유럽 은행들의 실적 발표를 가슴 졸이며 쳐다보고 있다. 투자자들은 현금을 축적하며 유럽 금융시장의 하드랜딩을 기다린다.

3. 추락하는 중국 경제

1) 중국 내수시장의 성격

세계 2위, 17.8조 달러에 달하는 방대한 규모의 중국 경제를 불투명하고 부정확한 데이터들을 가지고 진단한다는 것은 거의 불가능한 일이다. 그러나 우리는 경제이론에 기대 중국 경제의 현 상황을 추론해 볼 수는 있다.

앞에서 언급했듯 일국의 GDP는 소비, 투자, 정부 구입, 순수출로 구성된다($Y=C+I+G+Ex-Im$). 우선 중국 경제에서 소비가 차지하는 비중은 40%, 7.1조 달러(1인당 소비액 약 5,100달러)에 불과하다고 알려져 있다. 이는 선진국 평균 60%(미국은 70%에 이른다)에 크게 못 미치는 것이다. 만일 중국이 선진국 평균 수준으로 소비한다면 내수시장 규모는 10.7조 달러로 지금보다 3.6조 달러 더 클 것이다. 그동안 미국은 이 숫자에 근거해 이제 중국이 세계 경제를 위해 소비를 더 늘려야 한다고 요구해 왔다.

중국 시장에서 3.6조 달러가 덜 쓰인다는 것은 무엇을 의미하는가? 가계 경제의 운영 형태는 세계 어디를 막론하고 비슷하다. 시민들은 소득의 대부분을 의식주, 자녀 교육, 교통·통신 등에 쓰고 남는 돈으로 공산품, 레저 등 고급 서비스를 구매한다. 중국인들도 필수 소비생활을 아니할 수 없으니 중국인들이 20%만큼 덜 쓴다는 것은 공산품과 고급 서비스재 구매를 하지 않는다는 뜻이다. 그 돈은 아마도 주택 구입과 불안한 노후를 대비해 저축될 것이다. 중국의 가계 저축률이 높은 이유다.

25조 달러의 미국 경제가 70%를 소비에 쓴다면 그 규모는 17.5조 달러에 이른다. 미국인 3억 3천만 명의 1인당 소비액은 53,000달러, 중국인의 10.4배에 이른다. 공산품과 고급 서비스에 대한 수요가 엄청나다는 뜻이다. 중국 내수시장은 기대 이하로 아직 과소하다.

중국 생산물의 수요처는 기본적으로 수출이다. 중국은 무역의존도(수출입의 합을 GDP로 나눈 수치)가 35%에 이르고 미국(20%)보다 훨씬 높다. 지표 수준보다 더 문제는 수출입 구성이다. 미국은 주로 원자재와 고급 서비스재를 수출하고 최종재를 수입하는 반면, 중국은 원유(약 2,500억 불), 식량, 철광석 등 원자재(약 2,500억 불), 반도체 등 전자부품(약 2,500억 불)을 수입해서 가공 조립을 거친 후 수출해서 달러를 벌어들인다.

미국은 수출입을 통해 '**원래 존재**'하던 내수시장에 필요한 최종 상품을 조달한다. 누구든지 그 상품을 적기에 공급해 주기만 하면 된다. 반면 중국은 원자재를 수입해 공장에서 가공 조립하여 미국과 유럽 등 선진국에 수출로 돈을 벌어들인다. 수출을 해야 고용과 소득이 늘어나고 내수시장이 '**새로 창출**'된다. 한국, 독일, 일본과 비슷한 구조다.

2) 추락하는 중국 경제모델

중국은 2015년 이후 매년 5,000~6,000억 달러의 무역흑자를 누려 왔다. 특히 2022년 수출은 3.6조 달러, 수입은 2.7조 달러로 무역수지는 8,800억 달러에 달해 최고의 호황을 보였다. 수출이 잘되니 기업들이 활력을 보이고 고용도 확대되고 내수시장도 커져 왔다. 그러나 2023년 상반기, 그 사이클에 제동이 걸렸다.

미국의 수입액 중 중국이 차지하는 비중이 2010년대 후반 들어 줄곧 20%를 상회하였으나 코로나가 종료된 2023년 상반기 13%로 급락하였다. 1위는 멕시코, 2위는 캐나다, 4위 이하는 일본, 한국, 베트남 등 아시아 국가들이 차지하고 있다. 이것은 무엇을 의미하는가? 미국 수입상들이 코로나 3년여 기간 준비를 통해 공급망을 재편하고 수입선을 탈(脫) 중국의 방향으로 다변화해 가고 있다는 뜻이다.

미국에 대한 수출이 감소하면(Ex↓) 상하이, 광조우 공업지대의 가동률이 떨어진다. 고용이 감소하고 가계는 소비를 줄인다(C↓). 경제활력이 떨어지니 투자도 줄어든다(I↓). 정부 지원에 기대야 하나 지방정부는 부동산 개발사업이 정지하자 예산 부족에 시달린다(G↓).

외국인 직접투자를 기대해 보지만 그 유입 속도도 느려진다. 일례로 지난 20년간 절강성의 공무원들은 외국인 직접투자 유치를 위해 해외를 순방해 왔고, 지난 5월 코로나 3년 만에 처음으로 유럽 순방에 나섰다. 미국과의 마찰을 고려해 유럽 기업들의 투자를 구애했지만, 결과는 '투자 MOU 제로'라는 믿기 힘든 성적표. 절강성 공무원들은 유럽 기업들까지 이럴 줄은 몰랐다며 한탄한다.

이제 중앙정부가 나서야 하나 2015년 이후 매년 5,000~6,000억 달러의 무역흑자에도 불구하고 외환보유고는 3조 달러 대에서 전혀 늘지 않았다. 이 돈들은 어디로 갔는가? 국운을 건 프로젝트인 '일대일로' 사업과 '중국제조 2025'에 대규모 자금이 들어갔고 이 돈들은 지금 회수가 거의 불가능하다. 석유화학, 전기차, 재생에너지, 디스플레이 등 일부 산업에서 성과가 있었지만 중국 경제를 들어 올리기에는 아직 역부족이다.

수출이 감소하면 방대한 중국 내수시장이 뒷받침해 줄 수 있을 것이란 기대는 환상이다. 중국의 가계는 여전히 가난하고, 부채비율 300%가 넘는 기업들은 늘 자금 압박에 시달린다. 지방정부 부실화로 중앙정부의 개입이 절실하지만 외화를 탕진한 중앙정부도 답답하긴 마찬가지다. 가계, 기업, 정부가 아직 건실한 독일과 전혀 상황이 다르다. 독일 경제가 녹아내린다면 중국 경제는 추락하고 있다. 중국 경제는 어디에서 탈출구를 찾을 수 있을까?

4. 소프트랜딩 하는 미국

1) 활력 있는 실물시장

미국 FRB의 금리인상 폭과 속도를 보고 놀란 경제계는 그동안 금융시장 불안과 경기 불황에 대한 우려의 목소리를 높여 왔다. 그러나 파월 FRB 의장은 7월 FOMC에서도 금리인상을 단행하며 미국 경제가 여전히 건실하다고 믿으며 인플레이션에 적극 대응하겠다는 의지를 표명하였다. 또 당분간 금리를 내릴 생각이 없으며 인플레이션 조짐이 있을 시 추가 인상도 가능할 것임을 시사하였다.

그 배경은 무엇인가? 그것은 미국 제조업 건설경기가 역대 유례를 볼 수 없는 수준으로 대호황을 보이고 있기 때문이다.

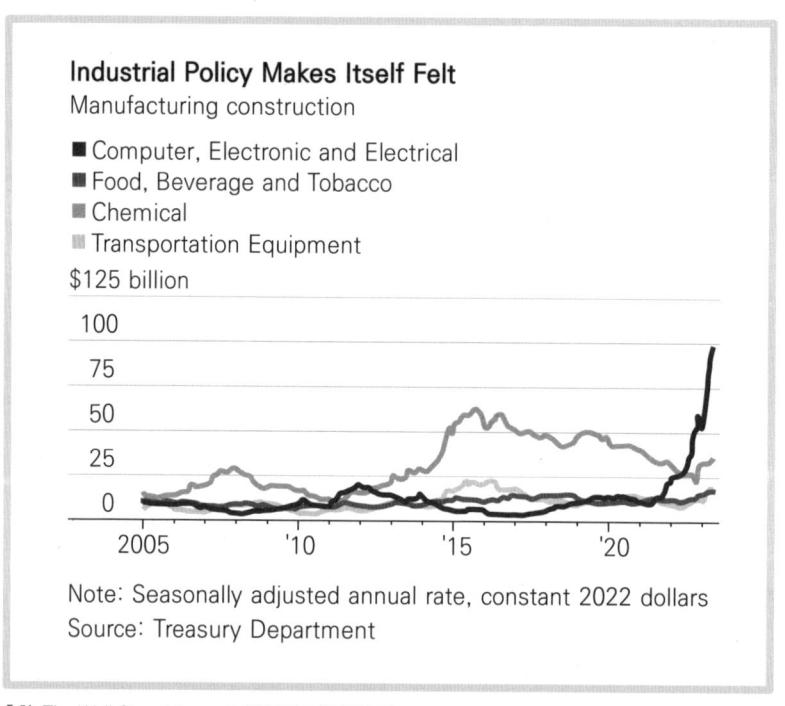

출처: The Wall Street Journal, 2023년 6월 29일 자

미국은 2008년 서브프라임 위기 극복 과정에서 셰일혁명이 일어났고 석유 수입국에서 석유 순수출국으로 변모하였다. 싼 가격과 충분한 공급량에 기반해 2010년대 중반, 석유화학 산업에 대한 대대적인 투자가 일어났다.

여기에 2020년대 들어 미·중 패권 경쟁과 코로나 이후 공급망 개편을 위해 미국 정부는 대규모 투자 지원책을 꺼내 들었다. IRA, CHIPS Act 등이 그것이다. 이들 지원책의 수혜지는 반도체, 전기차, 배터리, 태양광 등 재생에너지 분야다. 한국, 대만 반도체업체들이 이 법들의 수혜를 보려 미국으로 밀려들고 오랜만에 인텔도 투자 대열에 참가하며 반도체 투자가 급증하였다. 한동안 잠잠하던 석유화학 투자도 증가세다. 유럽의 에너지 대란을 피해 독일 화학 기업들이 미국으로 속속 생산지를 옮기고 있기 때문이다.

주목할 점은 전기차, 배터리, 재생에너지 분야는 기업들의 투자 발표만 있었을 뿐 아직 시작도 하지 않았다는 것이다. 이들이 본격 투자를 시작하면 반도체 산업에 맞먹는 투자 붐이 조성될 것이고 물가와 임금은 다시 들썩거릴 것이다. 이때 파월 의장은 다시 금리인상 카드를 꺼내 들지 모른다.

정부 지원이 증가하니(G↑) 미국 기업은 물론이고 한국, 일본, 대만, 독일 기업들의 투자가 늘어난다(I↑). 건설투자 증가로 고용이 증가하고 제조현장의 인력 조달은 점점 더 어려워지고 임금이 상승하고 소비도 증가한다(C↑). C+I+G가 함께 증가하니 국민총생산은 증가한다(Y↑). 투자와 소비증가에 대응하기 위해 수입은 증가할 수밖에 없고 이것이 유일하게 국민총생산을 감소시키는 요인이다(Im↑, Ex-Im↓, ⇒ Y↓).

2) 소프트랜딩 하는 자산시장

이자율 급등에도 실물시장이 좋으니 남은 것은 자산시장이다. 실물시장은 정부 지원, 기업 투자, 소비 증가의 트리플 강세로 순항 중이지만, 저금리를 가정하고 장기채권과 부동산에 잠긴 거액의 자산들은 심각한 손실에 시달린다. 알다시피 미국 지방은행 3개(SVB, First Republic, 시그너쳐)는 이미 투자손실로 뱅크런에 시달리다 문을 닫았다.

모두가 다음은 상업용 부동산(Commercial Real Estate, CRE)이라고 입을 모은다. 실리콘밸리 불황의 직격탄을 받은 샌프란시스코 도심에는 공실이 넘쳐 나고 쇼핑몰은 문을 닫았다. 세계 경제의 중심이라는 뉴욕의 부동산에도 이미 땅값보다 싸진 건물들이 즐비하다. 부동산 펀드들은 펀드런에 대응하기 위해 소유 부동산을 30% 할인된 가격에 매각한다. 블랙스톤이 소유하고 2017년 15.5억 불을 호가하던 맨해튼 원 리버티 플라자는 10억 불에 팔렸고, 2008년 1억 5천8백만 불에 사들인 타워56 빌딩은 2023년 2월에 1억 1천만 불에 팔렸다. 미국 상업용 부동산과 관련, 올해 및 내년에 만기 도래하는 채무는 9,000억 불 가량이고 대부분 변동금리, 단기채무로 조달되어 있다. 태풍의 눈이 점점 다가오고 있다.

그러던 중 리츠 전문기업 SL Green이 보유한 맨해튼 245 파크 애브뉴 빌딩의 지분 49.9%가 20억 불에 팔렸다. 2022년 3월 금리를 올리기 시작한 이래 최대의 거래로 매수자는 일본 Mori Trust이다. 이

가격은 2017년 중국 하이난에어라인(HNA)그룹이 22억 불에 샀던 최고가에 근접한 것으로 뉴욕 부동산 시장의 비상한 관심을 모았다. 이것은 단발성 거래인가, 아니면 부활의 조짐인가?

지난 30년간 번영 속에 세계 각국은 부자가 되었고 유럽과 동아시아의 금융기관들에는 돈이 넘쳐 난다. 유럽이 불안하고 중국이 침체한다면 이들이 이제 믿을 곳은 어디인가? 미국 재무성 채권이 떠오르지만 거기에 투자했다가 처참하게 무너진 미국 지방은행들을 보니 모골이 송연하다.

여기서 뉴욕 부동산은 유럽과 동아시아 자금의 안전한 도피처로 떠오른다. 부동산은 원래 임차인이 안정적이고 파이낸싱에 자신이 있다면 장기 자금의 운용처로 적격이다. 단기적으로 가격이 내려갈 수도 있지만 미국 경제가 건실하다면 중장기적으로 뉴욕 부동산 자산의 가치는 결국 회복할 것이다. 유럽과 중국의 침체로 달러 강세가 재현된다면 환차익도 기대된다. 모두가 엔화 가치가 회복될 것으로 기대할 때 Mori Trust는 오히려 엔화 약세에 베팅하고 있는 것일지도 모른다. 외국 투자가들에게 뉴욕 부동산은 미국 재무성 채권을 대신할 '가치의 저장물'로 새롭게 떠오르고 있다. 유럽과 동아시아의 자금이 몰려든다면 미국 자산시장은 소프트랜딩 할 것이다.

5. 결론 - 미국 경제에 올라타기

이제 한국 경제의 최근 변화에 대한 설명이 가능해진다. 지난 1년 반 동안 반도체 경기 급락과 중국 수출 감소로 우려되던 무역수지 적자가 흑자로 돌아섰다. 중국 수출이 감소하는 대신 미국 수출이 늘어나고 있고, 반도체와 석유화학 등 일부 산업에서 고전하고 있지만 자동차, 기계, 조선, 재생에너지 등에서 수출 증가와 채산성 개선이 감지된다. 2022년 6월 나토 마드리드 회의 참가 이후 방산 부문에서 괄목할 만한 성과들도 있었다. 반도체, 전기차, 배터리 분야에서 국내 투자도 계속된다. 무엇보다 건설경기가 얼어붙은 것을 감안하면 고용 상황이 나쁘지 않다.

이를 반영하듯 한국 경제가 2023년 1분기 0.3%에 이어 2분기 0.6% 성장하였다. 반도체 부진을 남동 공업 벨트의 약진으로 상쇄하며 수출 감소는 1.8%에 그쳤고, 유가 하락으로 수입이 더 감소하며 (-4.2%) 무역수지는 흑자로 돌아섰다(순수출의 GDP 기여도 +1.3%). PF위기로 주택 건설이 멈춰 섰지만(업종별 기준 건설업 -3.4%) 신산업 분야의 제조업 설비투자가 건설경기를 보완하고 있고(건설투자 -0.3%, 시설투자 -0.2%), 무엇보다 고용이 나쁘지 않아 내수도 버티고 있다(-0.1%). 모두 재정 건실화를 위해 정부 구입을 줄이고 있는 (-1.9%) 와중에 거둔 성과다. 한국은행은 2023년 온기 성장률을 1% 중반대로 예상하고 있다. 반도체 가격이 급락하고 대중국 무역이 위축되고 건설경기가 얼어붙으면 퍼펙트 스톰이 불어야 하건만 한국 경제는 아직 건강하다.

앞으로의 성공 방정식도 분명해진다. 경제를 운용함에 있어 상대국을 가릴 필요는 없지만 미국, 유럽, 중국 세 대륙 중 어디에 무게중심을 두어야 할지 결론은 명확하다. 미국으로의 수출 혹은 직접 진출, 미국과 지근거리에 있고 공급망 연계를 강화하고 있는 멕시코, 캐나다로의 진출이 필요하다. 특히 새롭게 부상하는 미국 남부 공업지대와 가깝고 임금이 싼 멕시코는 한국 기업들의 제1 투자처로 등장할 것이다. 제2 투자처는 미국행 수출이 늘어나고 있는 인도, 베트남, 인도네시아 등 알트아시아(Alternative Asia, Altasia) 지역이 될 것이다. 모쪼록 우리 기업들이 점증하는 지정학적 위험과 경제 불확실성 속에 현명히 대처해 나가길 바란다.

II 금융산업

1. 미국 경제의 독주와 고금리 장기화

미국 경제의 독주와 고금리 장기화

송기종

   미국 정책금리에 대한 금융시장의 전망이 계속해서 틀리면서 미국 채권시장의 변동성이 커지고 있다. 2022년 초부터 시작된 금리 상승기에는 상승의 폭과 속도를 예측하지 못하면서 변동성이 커졌었다. 그리고, 금리인상이 마무리된 2023년 10월 이후에는 정책금리의 변동이 전혀 없음에도 10년물 국채금리가 두 달(2023년 10월 중순~12월 중순) 만에 110bp 하락했다가 다시 두 달(2023년 12월 중순~2월 말) 만에 50bp 가까이 상승했다. 요즘 채권시장은 확실히 정상은 아니다. 10년물 국채금리의 변동성(2개월 표준편차 기준)을 확인해 보아도, Great Inflation 시대의 영향이 남아 있던 1980년대 이후 가장 높은 수준을 보이고 있다는 것을 알 수 있다. 글로벌 금융시장에서 미국 금리의 영향이 어느 때보다 높아진 상황에서 투자자들은 당황스러울 수밖에 없다. 무엇이 잘못된 것일까?

1. 작아진 파열음과 미국 경제의 독주: 클린턴 호황기 통화정책의 데자뷰

2023년 하반기 물가상승률이 3%대로 하락하면서 금리인상 사이클의 종료가 기정사실화되자 금융시장은 인하 사이클의 시작 시기와 인하 속도에 주목하기 시작했다. 그리고, 과거의 사례를 참고하여 매우 가파른 속도의 인하를 전망했다. 정책금리(Fed Fund Rate)가 통화정책 수단으로 사용되기 시작한 1982년 이후 패턴을 보면, 인상의 속도는 제각각이었지만 인하의 속도는 공통적으로 가팔랐다. 금융시장이 2024년 중 6~7번(1.5~1.75%)의 인하를 전망하면서, 국채 금리가 가파르게 하락한 것도 전혀 근거가 없는 것은 아니다. (그림 '미국 정책금리 추이' 참고)

하지만 올해(2024년) 들어 나오는 경제지표들과 미국의 경제 상황을 보면 과거의 인하 패턴이 이번에도 반복될지에 대해 의구심을 가질 수밖에 없다. 많이 언급되는 경제지표를 보면, 높은 정책금리 수준에도 불구하고 노동시장은 여전히 강하며, 핵심물가 상승률(Core Inflation)은 좀처럼 더 아래로 내려오지 않고 있다. 최근 발표된 1월 핵심 PCE 물가지수는 전월 대비 0.41%, 연환산 기준 5.1% 속도로 상승했다. 여러 일시적인 요인들이 반영되어 있기는 하지만, 물가상승 압력은 여전히 꿈틀대고 있는 것은 부인하기 어렵다. Fed가 쉽게 정책금리 인하에 나서기 어렵다는 의미이다. 그동안의 가파른 정책금리 인하 패턴을 이번에도 기대할 수 있을까?

미국 정책금리 추이(%)

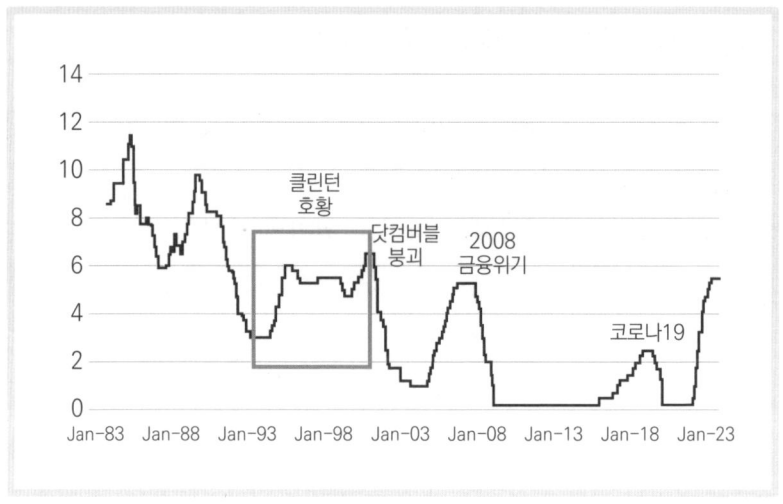

자료: Federal Reserve Economic Data(FRED)

1) 작아진 파열음

사실 Fed를 비롯한 모든 중앙은행은 점진적인 정책금리의 조정을 선호한다. 하지만 그동안 정책금리 인하가 가파르게 이루어질 수밖에 없었던 것은 모두 사연이 있었기 때문이다. 가장 가까운 2020년 초 정책금리 인하는 코로나19 때문이었다. 그 이전의 정책금리 인하는 2008년 금융위기 시기에 있었다. 그 이전 인하는 닷컴버블 붕괴와 연관되어 있다. 이번에도 가파른 인하를 기대하려면 코로나19나 2008년 금융위기, 아니면 닷컴버블 붕괴에 상응하는 수준의 충격이 필요하다는 의미이다. 2023년 상반기 실리콘밸리은행의 파산이나 크레디트 스위스은행 위기가 발생하자 금융시장이 정책금리의 인상 사이클의 종료와 이후 가파른 금리 인하를 기대했던 이유이다.

하지만, 지금까지의 상황을 보면, 자연의 힘에 의한 충격을 제외하고는 이러한 기대(?)가 실현되기는 어려워 보인다. 2008년 이후 진행된 일련의 은행 부문 규제 강화가 금융시스템의 핵심 영역을 보호하고 있기 때문이다. 2008년 금융위기와 같은 상황이 재현되는 것을 막기 위해 미국을 비롯한 선진국들은 핵심 은행들에게 대규모 자본확충과 리스크 관리의 강화, 그리고 파생상품 관련 위험의 통제를 요구했다. 그 결과 미국에서 자산 규모 10~20위권 은행이 파산하고, G-SIB(Global Systemically Important Bank) 중 하나인 크레디트스위스은행이 위기에 빠져도, 각국 정부와 정책당국은 큰 충격 없이 대응할 수 있었다. 오랜 기간 동안 지속된 저금리로 인해 분명히 금융시스템 어딘가에는 과도한 위험이 쌓여 있을 것이다. 하지만 적어도 시스템의 핵심 영역은 아니다. 상업용 부동산 문제를 포함하여 지금까지 노출된 위험을 보면, 대부분의 위험은 중소형 은행이나 Private Fund 등 금융시스템의 주변부에 있는 것으로 보인다. 그렇다면, 이러한 형태의 위험은 현실화되어도 충격이 증폭되지는 않는다.

2) 미국 경제의 독주와 클린턴 호황기 통화정책의 데자뷰

이번 인하 사이클과 관련하여 또 한 가지 주목해야 할 점은 미국 경제가 보기 드물게 강하다는 것이다. 현재 미국은 원유를 비롯한 원자재 부문과 농업, 그리고 대부분의 첨단 산업(반도체, AI, 인공지능, E-commerce, Software, 전기차, 클라우드 컴퓨팅 등) 분야에서 압도적인 경쟁력을 확대해 나가고 있다. 여전히 제품의 제조 측면에서는 경쟁력이 낮지만, 동맹국 제조 부문과의 네트워크 속에서 폭발적인 기술력과 자본력을 바탕으로 선도적 지위를 확보하고 있는 것이다. 미국은 언제나 기술적 측면에서 선도적인 지위를 가지고 있었지만, 2차대전 종료 직후를 제외하고 이 정도로 압도적인 지위를 가지고 산업의 변화를 주도했던 시기는 흔하지 않았다. 이는 경기 사이클에 따라 미국 경제가 둔화될 수는 있지만, 둔화 폭이 그동안의 패턴과 비교할 때 작을 수 있다는 것을 의미한다.

앞에서 언급한 작아진 파열음과 미국 경제의 독주는 1990년대 중반의 통화정책을 주목하게 한다. 그린스펀 전 Fed 의장과 클린턴 대통령이 재임하던 시절이었다. 이 시기 미국 경제는 금융의 글로벌화와 국제무역의 확대, IT 부문 투자를 중심으로 장기 호황이 지속되고 있었으며, 특히 1996년 2분기부터 2000년 2분기까지는 17분기 연속 전년 동기 대비 4%가 넘는 경제성장을 기록하였다. 재정 측면에서는 경기 호황에 따른 세수 증가와 군비 축소에 힘입어 재정수지 적자 규모가 점차 축소되었고, 1998년 이후에는 재정수지가 흑자로 전환되었다. **이와 더불어, 글로벌 경제 차원에는 1990년대 초반 동구권이 붕괴되었고, 일본은 잃어버린 20년의 초입에 진입해 있었기 때문에 세계 경제에서 미국의 독주가 진행되던 때였다.** 현재의 미국 상황과 비견될 만한 시기였다.

당시 인플레이션과 통화정책 기조를 보면, 물가상승률은 전반적으로 높지 않은 수준을 유지했는데, 1996년까지 3% 내외를 유지하다가 1997년에서 1999년까지 다소 안정되는 모습을 보였으며, 이후 경기 호황을 반영하여 다시 상승했다. Fed의 정책기조를 큰 틀에서 보면 ①

1970년대 높은 물가상승률과 Stagflation의 악몽이 재현되는 것을 막아야 한다는 공감대와 ② 장기간 지속된 호황이 물가상승 압력을 높일 수 있다는 우려, ③ 그리고 주식시장의 과열 양상에 대한 경계 등으로 인해 전반적으로 긴축적인 기조를 유지했다. 결론적으로, ④ **몇 번의 보험성 인하가 있었을 뿐 전반적으로 통화정책 긴축 기조가 유지되었다.** 하지만 높은 정책금리 수준이 지속되었음에도 불구하고, 노동시장은 강세를 지속했으며 높은 경제성장률도 지속되었다. **짧게 요약하면, 정책금리를 굳이 가파르게 내릴 필요도 없었고, 자칫 섣부르게 통화정책을 완화하면 물가상승 압력을 높일 수 있다는 우려가 강했다.** 97년 아시아 외환위기의 영향을 차단하기 위해 정책금리를 인하했다가 물가상승 압력이 높아지자 바로 긴축으로 전환하는 모습이 당시 통화정책 기조를 잘 보여 주고 있다.

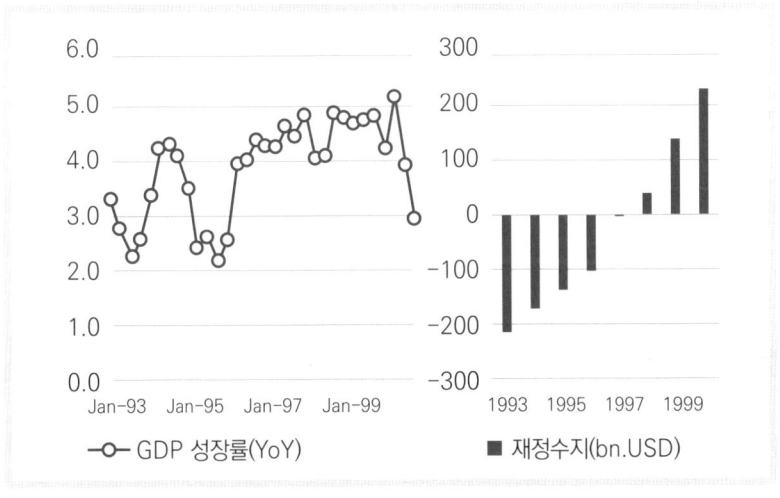

미국 GDP 성장률 및 재정수지(1993~2000년, %)

자료: Federal Reserve Economic Data(FRED)

미국 물가상승률, 정책금리 및 NASDAQ 지수(1993~2000년, %)

자료: Federal Reserve Economic Data(FRED)

　앞에서 언급한 1982년 이후 미국 정책금리 장기 차트를 보면, 가파른 정책금리 인하가 눈에 띄는 것이 사실이다. 하지만, 지금 미국 경제의 상황은 오히려 1990년대 중반 높은 정책금리 수준이 지속되었던 시기와 더욱 유사하다. **금융시장 일각에서 '몇 번의 보험성 인하 이후 이번 인하 사이클이 종료될 수 있다'거나, '이번에는 정책금리 인하 속도가 매우 느리고 그 폭이 작을 것'이라는 의견이 제시되는 배경이다. 고금리 기조가 장기화될 가능성에 대비해야 한다.**

2. 1997년 외환위기와 부동산 PF 문제

　미국의 정책금리는 미국의 경제 상황을 반영하여 Fed가 결정하지만, 전 세계 모두에게 영향을 미친다. 미국 경제는 고금리 기조를 버틸 만하고, 또 버틸 만하니까 고금리 기조가 유지되는 것이다. 하지만 다른 나라들은 상황이 다르다. 글로벌 차원에서는 작지만, 당사자 입장에서는 고통스러운 파열음이 주변부 국가들에서 계속해서 나타날 것이다. 한편, 오랜 기간 지속된 저금리 기조하에서 글로벌 금융시스템 주변부 어딘가에 쌓여 있던 위험은 고금리 기조가 지속되면서 결국 상당 부분 손실과 자산 부실화로 나타날 수밖에 없다. 단지, 2008년 금융위기 이후 만들어진 방화벽과 차단막에 의해 시스템 리스크로 파급되지 않을 뿐이다.

지금 우리나라 금융시장의 가장 큰 현안은 부동산 PF 문제일 것이다. 큰 틀에서 보자면, 우리나라도 금융시스템의 핵심적인 영역인 은행 부문에서 부동산 PF 문제는 미미하다. 시스템 리스크로 전이되지 않는 범위 안에서 처리가 가능하다고 판단하는 이유이다. 하지만, 일각에서는 결국 금리 인하가 있을 수밖에 없으며, 금리가 인하되면 자연스럽게 문제가 해결될 수 있으니 부실자산 처리를 너무 서두르지 말자는 이야기가 나오고 있다. 과거의 경험에서 배운다면, 이는 위험한 논리이다. 1997년 외환위기를 기억해야 한다.

앞서 살펴본 1990년대 중반의 미국 통화정책 중에서 1994년 2월에 시작된 정책금리 인상과 이후의 고금리 기조는 1997년 아시아 외환위기의 직접적인 원인이 되었다. **당시 우리나라는 미국의 경기 호황과 이에 따른 수출 증가에 힘입어 가파른 미국 정책금리 인상의 일차적인 충격을 흡수할 수 있었다. 그리고, 그때 구조조정에 나섰다면 1997년 위기를 피해 갈 수 있었을 것이다. 하지만, 당시에는 그러지 못했고, 그 결과는 우리 모두 알고 있다.**

2.
새해 PF 문제의 해소를 기다리며

새해 PF 문제의 해소를 기다리며

김명수

1. PF 차입금이란 무엇인가?

올해 우리나라 자본시장의 최대 현안은 뭐니 뭐니 해도 PF 부실 문제이다. PF 채무는 브릿지론 30조 원, 본 PF 104조 원을 더해 총 134조 원에 이른다. 알다시피 브릿지론은 공사 전 단계의 토지대에 대한 대출이고 본 PF는 공사 중인 프로젝트에 대한 대출이다.

브릿지론은 널리 알려진 대로 위험도가 높다. 차입금으로 취득한 토지가 공사 착공으로 이어지지 않을 경우 차입금 상환은 토지 매각을 통해서만 가능하다. 부동산 경기침체로 2023년 하반기 기준 30~50% 할인된 범위에서 형성되는 경매·공매가격을 감안할 경우 매각 손실이 불가피할 것이다. 브릿지론 중·후순위 대출이 많은 증권·캐피탈사의 부담이 큰 이유다. 또 저축은행들은 비록 선순위이지만 사업성이 낮은 사이트가 많아 비슷한 위험을 안고 있다.

본 PF는 좀 더 복잡하다. 예를 들어 여기 A건설사가 책임준공을 확약한 100억 원짜리 아파트 분양 공사가 있다고 치자. 모든 공사 대금을 차입금으로 조달한다고 가정할 때 PF론은 70%, 즉 70억이 될 것이다. 토지대는 40%, 40억으로 가정하자. A건설사는 시행사와 도급계약을 체결하고 공사비용 30%와 시공사 마진 10%를 합쳐 40억을 받기로 한다. 여기에 금융비용 수수료 10%(70억×이자율 5%×차입금 평균 사용기간 2년=7%, 각종 컨설팅 및 법률비용 약 3% 가정)를 지불하고 나면 최종적으로 시행사 마진 10억이 남는 구조다.

2022년 이후 금리 인상과 인플레로 PF사업에 문제가 생겼다. 우선 비용구조가 바뀌었다. 토지대는 이미 40억을 지불하였으니 그만이지만 공사비용은 인건비 및 자재대 상승으로 평균 24%가 올라 37.2억이 되었다. 이자율은 5%에서 8%대로 상승하였으니 금융비용과 수수료는 10% 수준에서 15%(70억×이자 8%×2년=11.2%, 수수료 3.8% 가정)로 치솟았다. 이것만 해도 92.2억이 비용(토지대 40+공사비용 37.2+금융비용 등 15=92.2)이다. 분양률 100%에 육박하는 둔촌주공 재건축 프로젝트가 상승된 공사비용 보전문제를 놓고 공사 중단과 재개를 거듭하는 이유다. 공사 마진이 손상받기 때문이다.

분양가가 하락하면 100% 분양이 이루어져도 문제가 생긴다. 2023년 12월 전국 아파트 매매가격지수 87을 적용할 경우 당장 시공사는 적자로 전환하고 차입금도 다 갚지 못하는 상황이 된다(현행 매매가격 87억-공사원가 92.2억=손실 5.2억). 여기에 분양률도 하락하면 시공사는 공사 대금을 받지 못하고 아파트를 떠안는다. 신용공여(연대보증, 채무인수)까지 한 시공사는 자신의 신용으로 PF 차입금도 갚아야 한다. 건설사는 자금 경색에 빠지고 금융권도 부실채권으로 신음한다.

고금리, 공사비 상승에 따른 사업수지 악화 예

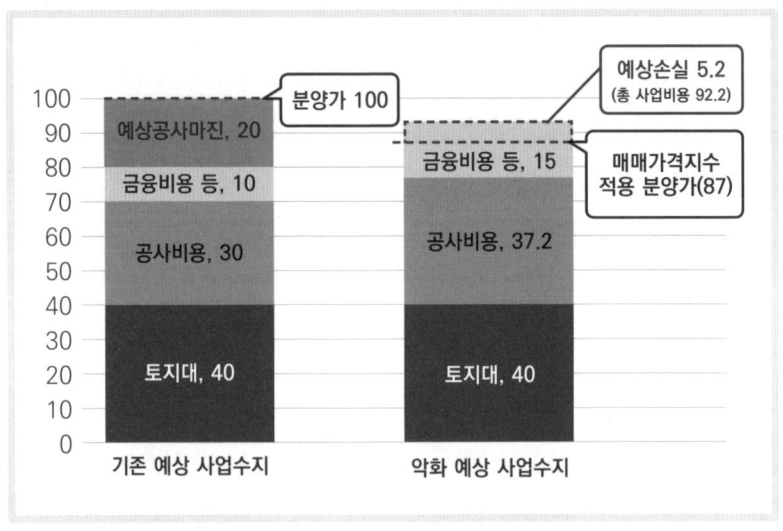

2. 제2 금융권의 PF 문제

이제 본 PF 차입금의 실제 위험을 추정해 보자. NICE신용평가가 과거 3년간 사업성 평가한 본 PF 차입금의 매출대비 비중은 36%이다(대출금액/기대분양금액, 19.7조/54.7조=36%). 지방의 비주거형 부동산의 차입금의존도가 44.5%로 높지만 대부분 35~38%로 양호한 수준이다. 분양률이 70% 정도만 되면 원가를 보전할 수 있는 구조다(차입금 36%+공사원가 30%+물가상승분 α=약 70%). 이 말은 거꾸로 시행사 입장에서 분양률을 높이기 위한 분양가 할인 여력이 있다는 말이 된다.

NICE신용평가 사업성 평가 대상 기준, 유형별 분양 및 대출금액 단위: 조 원, %

구분	주거형 부동산			비주거형 부동산			총계		
	수도권	지방	전체	수도권	지방	전체	수도권	지방	전체
개수	28	49	77	33	11	44	61	60	121
분양금액	18.8	19.9	38.8	12.9	3.1	15.9	31.7	23.0	54.7
대출금액	7.1	6.6	13.8	4.6	1.4	5.9	11.7	8.0	19.7
대출금액/분양금액	37.9%	33.3%	35.5%	35.6%	44.5%	37.3%	36.9%	34.8%	36.0%

자료: NICE신용평가의 과거 3년간 사업성 평가 대상

본 PF에서 문제가 되는 것은 중후순위 대출이다. 업권별로 당사가 평가하는 증권 25사, 캐피탈 26사, 저축은행 16사의 본 PF는 총 63조 정도다(당사에 104조 원 전체에 대한 정보는 없다). 업권별로 분양률은 증권사 40%, 캐피탈사 63%, 저축은행 34%이다. 캐피탈사는 분양률이 높고 저축은행은 분양률은 낮으나 대부분 선순위 대출로서 위험도가 낮다. 남는 것은 증권사인데 본 PF 20조 중 8.6조가 중후순위 대출이고 분양률도 낮다.

NICE신용평가 평가 기업 대상 기준, 업종별 PF규모, 성격 및 평균분양률 단위: 조 원, %

업종	상환순위	브릿지론	본 PF	합계	평균분양률
증권 25개사	선순위	3.4	11.8	15.2	
	중후순위	3.8	8.6	12.4	
	소계	7.2	20.4	27.6	39.6%

업종	상환순위	브릿지론	본 PF	합계	평균분양률
캐피탈 26개사	선순위	6.5	12.4	18.9	
	중후순위	3	5.2	8.2	
	소계	9.5	17.6	27.1	62.8%
저축은행 16개사	선순위	3.6	3.4	7	
	중후순위	0.5	0.5	1	
	소계	4.1	3.9	8	33.5%

자료: NICE신용평가

이제 제한된 정보나마, 이를 가지고 금융사의 PF 문제를 다음과 같이 추정할 수 있다.

① 브릿지론 30조 원 중 후순위 대출이 문제인데 이는 주로 증권사, 캐피탈사에 집중되어 있다. 저축은행 브릿지론은 주로 선순위지만 사업성이 낮은 사이트가 많아 위험도는 높은 편이다. 증권사, 캐피탈사, 저축은행 모두 브릿지론 위험에 노출되어 있다.

② 본 PF 63조 중 분양률이 낮아 위험도가 높은 쪽은 주로 증권사 취급분이다. 캐피탈 업권의 본 PF는 비교적 양호하고 저축은행 본 PF는 대부분 선순위라 위험도가 낮다.

대형 증권사들은 과거 수년간 호황으로 자기자본이 확충되어 있고 은행계 증권사들과 캐피탈사, 저축은행 등도 자체 위험관리 능력과 은행들의 백업기능으로 크게 문제가 없다. 따라서 제2 금융권의 PF 대출 위험은 중소형 증권사와 일부 캐피탈사, 그리고 자본확충이 어려운 저축은행에 국한될 것이라고 보는 근거다.

NICE신용평가 평가 기업 대상 기준, 업종별 부동산 PF 비교   단위: 조 원, %

업종	증권	캐피탈	저축은행
부동산 PF+브릿지론	27.3	27.1	7.9
자기자본	78.7	32.5	6.9
대손충당금+대손준비금	5.5	4.4	2.4
(부동산 PF+브릿지론)/자기자본	35%	87%	115%
(대손충당금+대손준비금)/(부동산 PF+브릿지론)	20%	16%	30%
브릿지론 비중	27%	35%	55%
중후순위 비중	44%	30%	12%
비수도권(해외 포함) 비중	44%	35%	29%
비주거용 비중	37%	39%	48%

주: '대손충당금+대손준비금'은 부동산 PF 포함 전체채권 기준(2023년 9월 말)

건설사 입장으로 돌아오면 문제가 다소 심각하다. 전국 평균 50%의 저조한 분양률이 이어질 경우 시공사는 공사 대금을 받지 못하고 신용공여까지 확약한 시공사는 PF 차입금도 갚아야 한다. 자본력이 탄탄한 대형 건설사들은 문제가 없겠지만 지방의 중소형 건설사들은 자금경색에 빠지고 부도는 곧 증권·캐피탈사의 부실로 이어질 수 있다. 해결책은 무엇인가?

3. 거시경제 측면에서 본 PF 문제

 유럽과 미국 금융시장에서도 상업용 부동산이 크게 문제가 되고 있는 것은 공지의 사실이다. 대출 만기가 도래한 상업용 부동산의 리펀딩 문제는 펀드런을 야기시키고 상업용 부동산 대출에 의존하는 중소은행들의 부실화를 초래할 것이란 공포가 널리 퍼져 있다.

 국내 PF 문제에 대해서도 언론지상에 경고음이 높아지고 시장 공포도 확산되고 있다. 일부 중견 건설사, 중소형 증권, 캐피탈사는 자본시장 접근이 사실상 막히는 등 금융경색의 징후마저 보였다. 이에 대해 자기 책임이란 시장 원칙에 따라 처리하자는 원칙론부터 정부의 시장개입으로 금융시스템 전이를 막아야 한다는 의견까지 정책 제언도 다양하다. 여기서 시장 구조조정을 위한 미시정책을 자세히 논할 생각은 없다.

 그러나 미시정책을 펼치기 이전에 거시 경제환경을 살피는 것은 의미가 있을 것이다. PF 사업의 정상화를 위해서는 첫째, 인플레율과 금리인상이 완화되어야 하고, 둘째, 분양률이 개선되어야 한다. 물가와 금리는 세계 경제의 수급 상황과 Fed의 움직임에 의존하므로 우리가 좌우할 수 있는 변수가 아니다. 새해에 다소 희망적인 것은 인플레율이 낮아지고 있고 Fed를 비롯한 각국 중앙은행들이 금리 인하 움직임을 보이고 있다는 점이다. 이는 분명 건설사와 금융사들에 도움을 줄 것이다.

 건설사들의 상황이 개선되기 위해서는 궁극적으로 분양률이 제고되어야 한다. 분양률은 첫째, 가격의 함수이다. 분양 가격이 낮아지면 수요가 많아지고 분양률이 제고될 것은 뻔한 이치다. 낮은 분양률 앞에 제값을 받겠다고 버틸 수 있는 건설사도 거의 없다. 대형 건설사들은 과거 7~8년간 지속된 부동산 시장 호황으로 많은 이익잉여금을 축적해 놓았다. 일부 손실을 보더라도 분양가 인하로 미분양을 해소해 나가는 것이 더 나을지 모른다.

그러나 앞에서 보았듯 공사원가와 금리 인상으로 분양 가격이 낮아질 수 있는 여력은 제한적이다. 대형 건설사는 가능하겠지만 지방의 중소형 건설사들은 이마저 어려울 것이다. 최근 급격히 증가한 지방 건설사의 폐업과 부도가 이를 증명한다.

분양률은 둘째, 소득의 함수이다. 아무리 부동산 가격이 하락하여도 소득도 따라 줄어든다면 부동산을 사는 사람이 늘어날 리는 만무하다. 소득이 증가한다면 중장기적으로 부동산 수요가 증가한다는 것은 당연한 이치다.

또한, 부동산은 좋은 투자의 대상이다. 위정자들이 아무리 아파트는 '주거의 대상(for living)'이 되어야지 '투기의 대상(for speculating)'이 되어서는 안 된다고 외치지만 투자론적 관점에서 부동산은 대체투자상품(Alternative Investment) 중 하나이며, 한국의 아파트는 금융상품화된 지 오래다. 상품이 표준화되어 있고 거래 정보가 완전 공개되어 있으며 현금화가 손쉽다. 게다가 전세 제도를 통해 사금융 시장에 쉽게 접근할 수 있고, 유사시 자가 입주로 사용가치를 누리면 되므로 금융상품보다 더 매력적이다. 문제는 투자가치가 있느냐다.

여기서 우리는 2023년 하반기부터 개선되고 있는 경제지표에 주목하고자 한다. 한국 경제는 생산물의 70%를 해외에 판매함으로써 유지되는 수출형 경제다. 수출이 활성화되면 그 자금이 시차를 두고 국내에 들어와 근로자들의 소득으로 연결된다. 수출이 공장 가동률과 고용을 결정하고 근로자들의 소득 증대와 직결되고 중장기적으로 내수시장을 진작한다고 보아도 무방하다.

최근 남동 공업벨트를 중심으로 자동차, 기계, 조선, 방산업종이 호황을 보이고 있고, 반도체 가격까지 반등하며 수출실적이 크게 개선되고 있다. 한국은행 전망에 따르면 2023년 하반기부터 상품수지가 크게 개선되어 하반기 무역흑자 289억 달러를 예상하고 있고 여기에 이자·배당 소득을 의미하는 본원소득수지도 2023년간 282억 달러에 달할 것이다.

2024년에는 더욱 좋아져 수출이 연간 9.3% 증가한 6,894억 달러를 전망하고 있다. 개별 기업이 9.3% 성장하여도 엄청난 것인데 일국의 수출이 두 자릿수에 육박하는 성장을 보인다는 것은 세계 각국을 다 둘러보아도 희귀한 일이다. 570억 달러의 상품수지 흑자(원화로 환산하면 74조 원)에 해외 금융투자 수익으로 연간 200억 달러를 상회하는 본원소득수지를 감안하면 경상수지 측면에서는 호황이라 부를 만하다. 2025년에는 수출이 7,000억 달러를 초과할 것으로 관측된다.

한국은행 경상수지 전망　　　　　　　　　　　　　　　　　단위: 억 달러

	2022	2023			2024			2025
	연간	상반	하반	연간	상반	하반	연간	연간
경상수지	298	24	276	300	130	360	490	590
상품수지	151	-35	289	254	195	375	570	753
수출	6,836	3,071	3,235	6,306	3,359	3,535	6,894	7,349
수입	7,314	3,333	3,174	6,508	3,393	3,367	6,760	7,016
서비스수지	-55	-119	-117	-236	-105	-114	-219	-293
본원·이전 소득수지	203	178	104	282	40	99	139	130

자료: 한국은행 경제전망보고서(2023년 11월)

　이에 따라 고용 수치도 안정적이다. 사실 내수를 떠받치다시피 하는 건설업이 불황이고 새로운 건설 공사가 올스톱된 지금 전국의 고용시장에는 한파가 몰아쳐야 마땅하다. 그러나 2022년 2.9%에 이르던 실업률은 2023년 하반기 오히려 2.4%로 줄어 들었고(연간기준 2.7%), 2024년에도 2.9%를 예상하고 있다. 완전고용을 넘어 과열 양상으로 남동 공업벨트에는 인력난이 심각하다. 이것은 무엇을 말하는가? 건설업에서의 고용 감소를 제조업에서의 고용 증가로 메꾸고도 남는다는 의미이다. 가계소득이 증가할 것이란 신호다. 이는 자연히 부동산 수요 증가로 이어질 것이다.

　이제 PF 부실 문제 해결을 위해 경제주체들이 각각 무엇을 해야 하는지 쉽게 이해할 수 있다. 시행사와 건설사는 분양가를 낮추어야 하고

금융사도 대주단 협의체를 통해 금리를 낮추어야 한다. 정부는 규제 일변도의 부동산 법제 환경을 정비하고 분양률 제고를 위해 가계에 다양한 인센티브를 제공해야 한다. 부동산 구매를 멈추고 관망세로 돌아선 가계들이 매력적인 분양가와 금리 조건, 각종 세제 혜택을 보고 다시 매수세에 동참하도록 유도해야 한다.

4. 결론 - 함께 공포를 이겨 내야 할 때

한은 전망대로 2024년 경상수지가 연간 490억 달러 흑자를 보인다면 원화 환산 시 64조 원, 해외투자 자산의 이자·배당수익까지 감안하면 거의 100조 원의 신규 자금이 국민경제에 투입된다는 것을 의미한다. 수조 원에서 수십조 원에 이를지 모르는 PF 부실이 가공할 만하지만 2024~2025년간 다가올 경상수지 규모를 감안하면 감당 가능한 수준이다.

구체적으로 대기업 계열 건설사의 경우 그룹의 수출 호조에 힘입어 우량 계열사로부터 유사시 자금지원을 받을 수도 있고 BIS 비율에 여유가 있는 은행 계열 금융사도 마찬가지다. 남는 것은 지방 건설사와 대주주 자금지원 능력이 없는 중소형 증권, 캐피탈사, 저축은행인데 선별적으로 지원책을 마련하여 중장기적으로 구조조정에 나서면 될 일이다.

지금은 IMF 외환위기 당시처럼 경제가 축소되고 소득이 급감하는 시기도 아니고, 2008년 Sub-prime 위기 때같이 국제금융시스템이 붕괴하는 것도 아니다. PF 문제는 철저히 국내 자산시장에서 그간의 탐욕을 징치하고 부(wealth)를 재편하면 될 문제다.

게다가 아파트는 사실상 금융상품화된 지 오래고 가계 자산의 70%를 차지하는 가계 경제의 보루다. PF 위기는 단순히 부동산 시장의 위기가 아닌 금융시장의 위기와 맞물려 있다는 주장이 맞는 이유다. 한국의 가계 경제는 자신이 보유한 부동산 가치와 연계(peg)해서 경제생활을 영위한다.

따라서 PF 위기가 금융시스템으로까지 번져 미-중 패권전쟁 속에 어렵게 길을 찾아 나가는 국내 산업의 수출경쟁력을 훼손하는 것은 막아야 한다. PF 문제를 빅뱅 방식이 아닌 풍선에 바람을 빼듯이 중장기적으로 접근해야 하는 이유다.

미래가 예견되는 안락한 경제는 농경사회다. 그 농경사회의 결과는 가난과 굶주림이다. 고도로 복잡한 자본주의 경제는 늘 불안하고 불확실하기에 공포와 혐오의 대상이 된다. 그러나 그 결과 시민들은 선택할 자유 속에 풍요와 번영을 누린다. 2024년 PF 위기를 극복하기 위해 우리 모두 공포를 잊고 함께 노력해야 할 때다.

3.
보험사 회계기준 변경의 두 얼굴

보험사 회계기준 변경의 두 얼굴

이혁준

1. 2011년 K-IFRS 전면 도입: 회계기준의 국제적 정합성 제고

회계(會計, Accounting)는 경제활동을 영위하는 각 경제주체 사이에 통용되는 또 하나의 언어이다. 경제주체와 이해관계자가 합리적 판단을 할 수 있도록 각종 경제적 사건을 서로 간에 약속된 원칙에 따라 측정하고 기록하여 재무정보를 만드는 과정과 결과를 의미한다.

각 나라는 각자의 상황에 맞는 회계기준을 제정하여 사용해 왔다. 그러다가 국가 간 무역과 자본이동이 활발해지면서 나라마다 서로 다른 회계기준을 사용하는 것이 문제로 부각되기 시작했다. 자연스럽게 회계정보의 국가 간 비교 가능성을 높이기 위하여 국제적으로 통일된 회계기준을 적용할 필요성이 높아졌다.

2001년 설립된 국제회계기준위원회(IASB, International Accounting Standards Board)는 이 문제를 해결하기 위하여 각 나

라가 공통적으로 사용할 수 있는 국제회계기준(IFRS, International Financial Reporting Standards)을 제정하였다. 이후 많은 나라들이 IFRS를 채택하는 추세에 맞추어 한국도 회계기준의 국제적 정합성 제고를 위해 2011년 IFRS를 전면 도입하게 되었다. 명칭은 '한국채택국제회계기준(영문 표시 'K-IFRS')'으로 하였다.

대부분의 국가가 IFRS를 채택했지만 미국, 일본, 중국은 여전히 자체 회계기준을 사용하고 있다. 미국은 2000년대 중반부터 국제회계기준위원회와 IFRS 도입을 논의했으나 결국 도입하지 않기로 했다. 대신 'US GAAP(Generally Accepted Accounting Principles)'이란 자체 회계기준을 사용한다. IFRS 도입 전 한국은 이 기준을 변형하여 'K-GAAP'이란 이름으로 썼었다. 일본과 중국은 자체 회계기준을 사용하되 부분적으로 IFRS 특성을 반영하고 있다.

GAAP은 기업이 재무제표에 경제활동에 대해 어떻게 측정하고 기록해야 할지를 일일이 구체적으로 제시하는 것이 특징이다. 이를 '규칙주의'라고 한다. 반면 IFRS는 전문가적 판단을 중시하는 '원칙주의'에 근거한 것이다. GAAP과 비교 시 기업 회계처리의 자율성을 더 많이 허용하고 있다. 미국에서는 이 점을 들어 IFRS가 투자자 보호에 허점이 많다고 주장한다.

유럽연합(EU) 국가들은 모두 2005년부터 IFRS를 의무적으로 적용했다. 국제적으로 통일된 회계기준을 무엇으로 선택할 것인가에 대해서는 유럽 IFRS와 미국 US GAAP 간 힘겨루기가 있었다. 그러나

2001년 발생한 희대의 분식회계 사건 '엔론 사태(Enron Scandal)'를 계기로 IFRS가 더 많은 지지를 받으며 국제적 대세가 되었다. 한국도 결국 이 대세에 합류하였다.

2. 혼란과 적응

IFRS의 주요 특징은 세 가지이다. 첫째, 전문가적 판단을 중시하는 원칙주의를 기본으로 한다. 둘째, 자산과 부채 평가 시 원가(취득가격) 중심에서 시가(공정가치)로 평가할 수 있는 선택의 폭을 확대한다. 셋째, 종속기업이 있는 경우 기본재무제표를 연결 기준으로 한다.

한국은 2007년 IFRS 도입 로드맵(Road Map)과 K-IFRS 공개 초안을 발표했고, 2009년부터 선택적 조기 적용을 허용한 뒤, 2011년부터 모든 상장기업 및 금융회사가 K-IFRS를 의무적으로 적용하도록 하였다. 상당한 시간을 들이며 준비했다. 그러나 막상 시행되자 다소의 혼란은 피할 수 없었다.

K-GAAP에서 K-IFRS로의 회계기준 변경은 경제주체 간에 사용하는 언어가 달라진 것을 의미한다. 회계정보의 사용자가 현장에서 가장 먼저 직면한 혼란은 과거와 현재 간, 기업과 기업 간 재무 수치 비교가 어려워졌다는 것이었다.

지주회사인 LG와 SK의 사례를 살펴보자. 연결재무제표 작성 시 연결대상 종속기업으로 K-GAAP은 지분율 30%를 초과하면서 최대주주인 기업을 포함시켰다. 반면, K-IFRS는 지분율 50% 초과를 원칙으로 하되, 지분율 50% 이하지만 실질적으로 지배력을 확보한 경우도 포함시킬 수 있도록 하였다.

LG는 LG전자와 LG화학을 핵심 자회사로 보유하고 있다. K-GAAP 적용 시에는 LG전자와 LG화학이 모두 연결대상 종속기업으로 포함되었다. 그러나 K-IFRS로 작성된 2010년에는 LG전자와 LG화학이 모두 연결대상 종속기업에서 제외되었다. LG의 지분율이 LG전자는 34.8%, LG화학은 33.5%로 50% 이하였기 때문이다. 이에 따라 LG는 K-GAAP으로 작성된 2009년에는 연결 기준 총자산 68.8조 원, 당기순이익 5.2조 원이었으나, K-IFRS로 작성된 2010년에는 연결 기준 총자산 13.8조 원, 당기순이익 1.6조 원으로 외형이 크게 축소되었다.

SK는 LG와 전혀 다른 선택을 했다. SK의 핵심 자회사는 SK에너지(현 SK이노베이션)와 SK텔레콤이다. SK의 지분율이 SK에너지는 33.4%, SK텔레콤은 23.2%였지만 두 회사는 K-GAAP으로 작성된 2010년에 이어 K-IFRS로 작성된 2011년 연결재무제표에서도 모두 연결대상 종속기업에 포함되었다. 따라서 SK는 LG에 비해 K-IFRS 전환과정에서도 외형 변화가 상대적으로 크지 않았다.

지주회사 LG와 SK의 회계처리는 모두 형식상으로 문제가 없다. 차이는 50% 이하 지분율을 가진 자회사들에 대한 실질적 지배력 확보 판단 결과가 서로 달랐던 것에서 기인한다. LG는 지분율 50% 이하인 핵심 자회사에 대해 과반 이상의 의결권을 확보하지 않아 실질적 지배력이 없다고 판단하여 연결대상에 포함시키지 않았다. 반면, SK는 유사한 경우에 대해 지분율 50% 이하지만 실질적으로 지배력을 확보하고 있다고 판단하여 연결대상으로 포함시켰다.

다만, 이렇게 만들어진 회계정보를 사용하는 이용자들은 혼란을 겪게 되었다. 기업의 실질은 달라지지 않았는데 과거와 현재 재무수치 사이에 큰 변화가 발생했고, 경쟁기업 간 재무수치의 단순비교도 불가능해졌다. 신용평가사의 애널리스트들은 과거와 현재 간, 기업과 기업 간 재무수치를 비교하고 분석하기 위해 이전 대비 훨씬 더 많은 조정 작업을 수행해야 했다.

또 다른 사례는 이자비용이다. K-GAAP에서 비금융기업은 차입금 관련 이자비용을 영업외비용으로 분류하였다. 반면, K-IFRS에서는 이자비용을 정성적 판단에 따라 영업비용으로도 분류할 수 있도록 하였다. 상장기업 전체에 대해 K-IFRS를 의무적용한 2011년 재무제표가 공시되자 같은 업종에서도 이자비용을 종전처럼 영업외비용으로 분류한 기업, 영업비용으로 분류한 기업, 영업비용과 영업외비용으로 나누어 분류한 기업으로 다양한 경우가 나타났다.

현금성 영업이익으로 이자비용을 얼마나 감당할 수 있는지를 보여 주는 'EBITDA/금융비용'은 신용평가사가 매우 중요하게 사용하는 재무지표이다. 그런데 기업마다 이자비용 분류가 제각각이니 애널리스트들 역시 분석을 위해 이전 대비 훨씬 더 많은 조정 작업을 수행해야 했다.

이러한 혼란은 시간이 흐르면서 점차 해결되었다. K-IFRS로 작성된 재무제표가 누적되어 가는 과정에서 시장이 원하는 방식이 무엇인지가 점점 뚜렷해졌고 회계정보 생산자인 기업들은 이를 수용해야 했다. 애널리스트들도 재무수치 작성기업의 재량적 판단 차이를 감안한 분석작업에 갈수록 익숙해졌다. 시간은 시장 모두가 받아들이는 규율을 만들어 냈고 참여자들은 이에 적응해 갔다.

3. 2023년 IFRS17 시행: 보험부채의 현재가치 기준 평가 전환

국제회계기준위원회(IASB)가 제정한 국제회계기준(IFRS)은 40여 개의 기준서를 갖고 있다. IFRS17은 그 기준서 중 하나로 보험계약과 관련된 회계처리 기준을 규정한 것이다.

IFRS17의 주요 특징은 두 가지이다. 첫째, 보험부채 측정을 기존의 원가 기준에서 현재가치 기준으로 변경하는 것이다. 둘째, 보험수익 인식을 기존의 현금주의에서 발생주의로 변경하는 것이다.

기존의 보험부채 평가방식은 자산을 현재가치 기준으로 평가하는 반면 부채는 원가 기준으로 평가하여 시간이 흐를수록 자산과 부채 간 괴리가 커지는 문제점이 있었다. 또한, 손익 측면에서는 현금주의에 기반하여 보험수익을 인식함에 따라 보험료가 유입되기 시작하는 초기에는 이익이 많이 계상되고 보험 관련 지출이 발생하는 후반기로 갈수록 이익이 감소하는 것이 문제점으로 지적되었다.

　보험은 금융업종 중 상품의 기간이 가장 긴 업종이다. 생명보험의 경우 수십 년 간 보험료를 납입하고 사망 시까지 보장을 받는 상품이 주 수익원이다. 이러한 구조를 갖고 있는 보험업의 회계기준을 변경하는 것은 매우 신중하고 오랜 준비 기간이 필요한 작업이었다.

　IFRS17은 준비부터 시행까지 20년 가까운 시간이 소요되었다. IASB는 2004년 IFRS4 Phase Ⅰ을 제정하여 2005년부터 시행하였다. IFRS4 Phase Ⅰ은 보험부채 평가를 원가에서 공정가치 기준으로 이행하기 위한 과도기적 성격의 기준이다. 기존의 보험부채 평가방식을 인정하되 보험부채 적정성 평가를 수행하여 기존의 보험부채 평가방식을 보완하도록 규정하였다. 한국은 K-IFRS를 전면 도입한 2011년부터 IFRS4 Phase Ⅰ을 적용하였다.

　IASB는 2010년 보험부채 완전 시가평가를 핵심으로 하는 IFRS4 Phase Ⅱ 초안을 발표한 이후 각국의 수정 및 요청 사항을 반영하여 2013년 수정 초안을 다시 발표하였다. 2016년 IASB는 IFRS4 Phase Ⅱ를 IFRS17로 명명하였고, 2017년 IFRS17 기준서를 발표하였다.

　IFRS17은 시행되기까지 많은 진통을 겪었다. IFRS17 시행시기는 당초 2021년으로 발표되었다. 그러나 많은 국가에서 연기를 요청해 2022년으로 연기되었고, 이후 한 차례 더 연기되어 2023년이 되어서야 시행되었다.

다수 국가들이 IFRS17 시행시기 연기를 요청한 이유는 하나다. IFRS17이 시행되면 보험부채를 원가가 아닌 공정가치로 평가해야 하는데, 고금리 계약을 많이 보유한 보험사는 저금리로 시가평가를 하게 되면 보험부채가 크게 증가하여 자본확충 부담이 커지게 된다. 한국에서도 "IFRS17이 시행되면 보험사 부채가 수십조 원 증가하여 대형사도 자본잠식 상태에 빠지게 될 우려가 있다."라는 언론사 보도가 나와 금융당국이 해명 보도자료를 발표했던 사례가 있었다.

IFRS17 시행을 둘러싼 보험사의 사업 환경은 2022년을 전후하여 급격한 변화를 맞이하게 된다. 전 세계적으로 인플레이션이 확산되면서 이를 억제하기 위해 각국 중앙은행이 적극적으로 기준금리 인상에 나서면서 시중금리가 크게 상승했기 때문이다. IFRS17이 시행되면 보험부채가 대규모로 증가하여 자본적정성이 저하될 것을 걱정했던 보험사는 표정 관리를 해야 하는 상황이 되었다.

4. 어닝 서프라이즈 뒤에 드리운 그늘

2023년 1분기 어닝 시즌(Earning Season)은 IFRS17 시행 이후 첫 실적 발표라는 점에서 보험사가 내놓은 성적표에 많은 관심이 집중되었다. 발표된 실적은 놀라웠다.

보험사는 엄청난 어닝 서프라이즈(Earning Surprise)를 시현했다. 생명보험사의 경우 국내 신용평가사로부터 신용등급을 부여받고 있는 17개 사 중 7개 사의 2023년 1분기 순이익이 2022년 전체 순이익보다 많았다. 장기간 지속되고 있는 통화긴축 강화 영향으로 시중금리가 높아져 보험사의 사업 환경이 개선된 것은 사실이다. 하지만 발표된 실적은 예상치를 뛰어넘는 것이었다. 어떤 마법(Magic)이 일어난 것일까?

어닝 서프라이즈의 비결은 '원칙주의'에 기반을 둔 IFRS17이 보험사에게 회계처리의 자율성을 많이 허용하고 있다는 것이다. 다수 보험사가 최대한 낙관적인 가정을 설정하여 손익을 인식하였다. 그 결과가 예상을 뛰어넘는 수준의 이익이었다.

그러나 회계기준 변경에 따른 순이익 증가는 '조삼모사(朝三暮四)'와 같은 것이다. 각 보험상품으로부터 창출되는 이익의 총량은 어떤 회계기준을 적용하는가에 따라 크게 달라지지 않는다. 낙관적인 가정을 설정할 경우 초기에는 이익이 증가하나 결국 손실로 돌아오게 되어 있다. IFRS17 시행 초기 대규모 이익을 인식한 보험사는 향후 미래에 인식하게 될 이익은 그만큼 축소될 것이다.

시장에서는 향후 10년 후 보험사발 대란(大亂)이 발생할 수도 있다는 우려의 목소리가 나온다. IFRS17 시행 초기 너나 할 것 없이 이익을 부풀렸다가 시간이 흐를수록 수익성이 저하되고 나중에는 집단적으로 적자 전환할 가능성이 있다는 것이다.

금융당국은 이 문제의 위험성을 인지하고 있다. 금융당국은 보험사 경영진과의 간담회를 통해 회계상 기초 가정을 합리적으로 설정할 것을 당부한 데 이어 주요 계리적 가정 등에 대해 세부적 기준을 제시하였다.

신용평가사 역시 동일한 문제의식을 갖고 있다. IFRS17 시행 초기 보험사가 발표하는 실적에 대해서는 많이 의심하고 깊이 고민하며 치열하게 분석할 것이다. 2011년 K-IFRS 전면 도입 때 경험했던 혼란과 적응의 기억은 이러한 분석에 도움이 될 것이다. 그때와 마찬가지로 이 문제는 시간이 답을 줄 것으로 생각한다. 시간은 시장 모두가 납득할 수 있는 규율을 찾아낼 것이다. 보험사, 금융당국, 신용평가사는 서로 소통하며 새 회계기준의 정착 시기를 앞당길 수 있을 것이다.

4.
증권사 대형화,
큰 힘에는
큰 책임이 따른다

증권사 대형화, 큰 힘에는 큰 책임이 따른다

이혁준

1. 이례적인 자본거래 2건

1) 한국투자금융그룹 사례

2022년 12월 한국투자증권은 자회사 한국투자밸류자산운용과 모회사 한국투자금융지주로부터 카카오뱅크 지분을 각각 23.2%와 4.0% 인수하였다. 취득 금액 합계는 총 3.4조 원이었다. 이 거래를 통해 한국투자증권은 카카오뱅크 지분 27.2%를 보유한 2대 주주가 되었다.

카카오뱅크는 직전 해인 2021년 8월 코스피 시장에 기업공개(IPO: Initial Public Offering)를 하였다. 기업공개 이전부터 카카오뱅크 지분을 보유하고 있던 한국투자밸류자산운용과 한국투자금융지주는 한국투자증권에게 동 지분을 넘기는 과정에서 각각 2조 2,787억 원과 3,873억 원의 매각이익이 발생하였다. 두 회사는 이 매각이익의 대부분을 배당금과 유상증자의 형태로 한국투자증권에 보내 주었다. 한국투자증권은 이렇게 확보한 자금에 추가적으로 자체 보유 자금을 더해 카카오뱅크의 지분을 인수하였다.

3.4조 원에 달하는 대규모 주식매매가 일어났지만 카카오뱅크의 주주구성에는 실질적으로 변화가 없었다. 한국투자금융그룹은 주식매매 이전에나 이후에나 계열사 합산 기준 카카오뱅크 지분율이 27.2%로 동일했다. 한국투자금융그룹은 왜 이런 계열사 간 주식매매를 했던 것일까?

이 주식매매 이후 발생한 가장 큰 변화는 한국투자증권의 자기자본이다. 한국투자증권의 별도재무제표 기준 자기자본은 2022년 9월 말 기준 6.2조 원이었으나 계열사들의 주식 매각 이익발 배당금과 유상증자자금 유입으로 8조 원을 넘어섰다.

증권사는 자기자본이 8조 원을 넘어서게 되면 IMA(Investment Management Account, 종합투자계좌) 사업자 자격 취득을 신청할 수 있다.

2) 대신금융그룹 사례

2023년 10월 대신증권은 5개 자회사(대신에프앤아이, 대신저축은행, 대신자산운용, 대신자산신탁, 대신프라이빗에쿼티)로부터 배당금 4,801억 원을 받아 4,306억 원을 다시 해당 5개 자회사에 출자하였다. 세부적으로 대신에프앤아이에게는 배당금 4,401억 원을 받아 3,906억 원을 출자하였고, 나머지 4개 사에게는 배당받은 금액을 그

대로 다시 출자하였다. (대신저축은행 200억 원, 대신자산운용 115억 원, 대신자산신탁 51억 원, 대신프라이빗에쿼티 34억 원) 정리하면 순현금흐름 기준으로 대신에프앤아이로부터만 495억 원이 유입되었고, 나머지 4개 사에게는 배당금을 받은 즉시 동일 금액을 출자하여 실질적으로 자금이동이 없었다. 대신금융그룹은 왜 이런 계열사 간 자본거래를 했던 것일까?

이 자본거래 이후 발생한 가장 큰 변화는 대신증권의 자기자본이다. 대신증권의 별도재무제표 기준 자기자본은 2023년 9월 말 기준 2조 1,702억 원에서 2조 6,503억 원으로 5개 자회사로부터의 배당금 유입 총액 4,801억 원만큼 늘어났다. 실제 자금이동액은 495억 원에 불과했지만 자기자본이 4,801억 원 증가하는 마법이 일어난 것이다. 여기에 3,500억 원 정도만 추가적으로 증가하면 대신증권의 자기자본은 3조 원대에 진입한다.

증권사는 자기자본이 3조 원을 넘어서게 되면 종합금융투자사업자 자격 취득을 신청할 수 있다.

2. 이례적인 자본거래의 이유

증권사가 이와 같이 이례적인 자본거래를 한 이유는 자기자본 규모에 따라 영위할 수 있는 사업 범위가 다르기 때문이다. 증권사는 자기자본 규모가 크면 클수록 할 수 있는 사업이 다양해지며 수익원이 다각화된다.

 증권사는 자기자본 3조 원이 넘으면 종합금융투자사업자 자격 취득을 신청할 수 있다. 종합금융투자사업자로 선정되면 기업 신용공여 한도가 자기자본의 100%에서 200%로 확대된다. 또한, 헤지펀드에 자금대출이나 컨설팅 서비스를 제공하는 프라임 브로커리지(Prime Brokerage) 서비스도 가능해진다.

 증권사는 자기자본 4조 원이 넘으면 초대형 IB(Investment Bank) 자격 취득을 신청할 수 있다. 초대형 IB로 선정되면 자기자본의 2배 이내로 만기 1년 이내의 발행어음을 발행해 자금을 조달할 수 있다.

 증권사는 자기자본 8조 원이 넘으면 IMA(Investment Management Account, 종합투자계좌) 사업자 자격 취득을 신청할 수 있다. IMA는 증권사가 원금을 보장하면서 고객예탁금을 기업대출, 회사채 등 다양한 부문에 투자해 이익을 추구하는 계좌이다. 자기자본의 2배까지만 발행이 가능한 발행어음과 달리 IMA는 발행 한도에 제한이 없어 대규모 자금조달에 유리하다.

 이러한 규제환경 속에서 증권사의 자기자본은 단순한 회계 수치가 아니라 시장지위와 영위사업 범위를 직관적으로 보여 주는 지표이다. 따라서 증권사는 유상증자나 후순위성 채권 발행과 같은 전형적인 자본확충 방안 외에도 추가적으로 자기자본을 늘릴 수 있는 방안이 없는지에 대해 고민하게 되었다. 그 결과 두 증권사의 사례와 같이 실질적인 현금유입은 없지만 계열사 간 자본거래를 통해 재무제표상의 자기자본을 증가시키는 모습이 나타난 것이다.

3. 이례적인 자본거래를 바라보는 신용평가사의 시각

NICE신용평가는 두 금융그룹의 자본거래 발생 이후 리포트를 통해 자본시장에 견해를 표명했다. 자본거래의 중심에 있는 두 증권사 모두 자기자본이 크게 증가했지만 신용도에 미치는 영향은 제한적이라고 발표하였다.

신용평가사는 기본적으로 피평가기업의 자기자본 증가를 신용도에 긍정적 요인으로 본다. 신용등급은 채무를 적기에 상환할 수 있는 능력의 상대적 수준이고, 자기자본이 증가하면 당연히 적기 상환능력은 제고되기 때문이다. 다만, 여기서 중요한 것은 자기자본 증가의 내용이다.

신용평가사는 자기자본의 질을 중시한다. 자기자본 증가의 원천 중 가장 좋은 것은 유상증자나 현금성 이익 발생이다. 후순위채나 신종자본증권 발행은 회계 기준상 자기자본으로 인정되지만 이자 지급과 상환의무가 있기 때문에 자본의 질 측면에서는 상대적으로 낮게 평가받는다. 현금유입이 동반되지 않은 자기자본 증가 역시 마찬가지다.

두 증권사는 계열사 간 자본거래를 통해 재무상태표상 자기자본이 크게 증가했으나 실질적인 현금유입 규모는 크지 않거나 오히려 보유

중이던 현금이 유출되었다. 따라서 신용도에 즉각적으로 긍정적 영향을 주지는 못했다.

자기자본 증가를 통해 사업 영역이 확대되는 것은 양날의 검이다. 종합금융투자나 초대형 IB나 IMA 사업자 자격을 획득하면 영업 규모가 크게 증가할 수 있다. 이는 규모의 경제 진전과 수익원 및 자금조달 구조의 다각화 측면에서 좋은 일이다. 그러나 영업 확대는 또 다른 관점에서는 위험투자와 차입금의 증가를 의미한다. 실질적인 자본확충이 크지 않은 상태에서 위험투자와 차입금이 대폭 증가하면 종합적인 재무안정성은 오히려 저하될 수도 있다.

4. 증권사 대형화, 기대했던 것은 이루어졌는가

금융당국은 증권사 대형화를 위한 정책을 지속적으로 추진해 왔다. 증권업 규제 환경의 변화는 2007년 자본시장법 제정, 2011년 자본시장법 시행령 및 금융투자업 규정 개정, 2016년 신NCR(Net Capital Ratio) 전면 적용 및 초대형 IB 육성 방안 발표를 주요 변곡점으로 볼 수 있다. 2007년에는 금융투자업 진입규제 완화를 통해 자율 경쟁을 촉진했고, 2011년에는 대형사 인센티브 부여를 통해 대형화를 유도했으며, 2016년에는 대형사 인센티브를 더욱 강화하였다.

대형 증권사에 대하여 규제자본비율 준수 부담을 대폭 완화해 주고 자기자본 3조 원, 4조 원, 8조 원을 넘어설 때마다 새로운 사업 기회를 제공하는 정책은 시간이 흐를수록 증권업계의 사업 및 리스크 구조에 큰 변화를 가져왔다. 인센티브를 획득하기 위해 증권사는 경쟁적으로 대규모 유상증자를 시행하였고, 이를 통해 증가한 자기자본을 기반으로 위험자산투자를 적극적으로 확대했다. 금융당국은 증권사가 대형화를 통해 천수답(天水畓) 농사처럼 위탁매매에만 의존하는 단순 영업에서 벗어나 IB 및 해외사업을 확대함으로써 한국에서도 미국의 골드만삭스와 같은 세계적인 금융투자회사가 나오기를 기대하였다.

2007년 자본시장법 제정 이후 17년이 지난 지금 기대했던 것은 이루어졌는가?

외형적인 측면에서 증권업계는 괄목할 만한 성장을 했다. 자본시장법이 제정된 2007년에는 자기자본 3조 원이 넘는 증권사가 전무하였다. 그러나 2023년 9월 말 기준으로는 자기자본 3조 원이 넘는 증권사가 9개사에 달한다. 그중에는 자기자본이 9조 원을 상회하는 증권사도 있다. 이는 자기자본이 5조 원대인 상위권 지방은행을 넘어서는 규모이다.

수익성 측면에서 증권업계는 순이익은 증가했으나 이익률은 낮아졌다. 자기자본 3조 원 이상인 증권사에게 종합금융투자사업자 신청 자격을 주기 시작한 2011년 이전 10년간(2002~2011년)은 연평균 순이익이 1.7조 원, 자기자본순이익률(ROE)이 7.3%였다. 2011년 이후 11년간(2012~2022년)은 연평균 순이익이 3.3조 원, ROE가 5.8%로 순이익은 2배 가까이 증가한 반면 ROE는 하락하였다.

수익 구조 다변화 측면에서는 진전이 있었다. 2011년 이전 증권사 수수료 수익 비중을 살펴보면 수탁수수료가 70% 내외, IB와 자산관리가 각각 11% 내외로 위탁매매 편중도가 매우 높았다. 2022년에는 수탁수수료 38%, IB 38%, 자산관리 10%로 수익구조의 지나친 편중도가 과거 대비 완화되었다.

양적 성장만큼 질적으로도 발전했는가를 살펴보면 좋은 평가를 하기 어렵다. 최근 수년간 국내 금융업권은 2020년 상반기 마진콜(Margin Call) 사태, 2022년 하반기 레고랜드 사태의 두 차례 위기를 겪었다. 두 위기 모두 그 중심에 증권사가 있었다.

마진콜 사태는 증권사가 대규모로 판매한 파생결합증권 ELS(Equity Linked Securities)와 DLS(Derivative Linked Securities)에서 문제가 발생했다. ELS와 DLS는 기초자산의 지수나 가격이 일정 기간 미리 정해 놓은 범위에 있으면 약정된 수익을 지급하되, 구간을 벗어나면 원금손실을 보게 된다. 증권사는 ELS와 DLS 운용의 일환으로 해외선물에 증거금을 넣는데 코로나19 팬데믹(Pandemic)으로 인해 기초자산인 유럽 유로스톡스50, 미국 S&P500, 일본 닛케이 225, 홍콩 H지수, WTI(서부텍사스유)가 폭락하면서 증거금을 더 넣어야 하는 마진콜을 받게 되었다. 이 마진콜 규모가 수조 원에 달했고, 증권사들이 자금을 마련하는 과정에서 보유하고 있던 회사채, CP 등 유가증권을 대거 매각하면서 금융시장에 큰 혼란이 벌어졌다.

레고랜드 사태는 단기간에 급격히 증가한 부동산 PF(Project Finan

cing)에서 문제가 발생했다. 부동산 PF는 2011년 저축은행 사태 당시에도 주요 원인이었지만 그때는 건설사와 저축은행에게만 피해가 집중되었다. 그때와 지금이 다른 점은 두 업종 외에 증권, 캐피탈, 부동산신탁도 익스포저가 많고 전체적인 부동산 PF 규모가 훨씬 크다는 것이다. 이는 증권사가 지급보증 형태로 부동산 PF에 참여했기 때문에 가능해진 일이다. 과거에는 부동산 PF에 대한 지급보증은 주로 건설사가 제공했다. 건설사는 단기신용등급 중 가장 높은 A1을 부여받고 있는 회사가 5개 내외에 불과해서 보증금액 확대에 한계가 있었다. 반면, 증권사는 단기신용등급이 A1인 회사가 19개에 달한다. 증권업 대형화 추진 과정에서 NCR 자본규제가 느슨해지고 부동산 PF 지급보증이 고수익원임을 알게 되자 19개 증권사가 앞다투어 이 시장에 뛰어들었고 그 결과 부동산 PF 규모는 순식간에 눈덩이처럼 증가하게 되었다.

5. 큰 힘에는 큰 책임이 따른다

2008년 글로벌 금융위기가 발생하자 국제결제은행(BIS: Bank for International Settlements) 산하 바젤은행감독위원회(BCBS: Basel Committee on Banking Supervision)는 은행의 자기자본규제제도에 문제가 있음을 깨달았다. 이후 BCBS는 2010년 기존 규제제도인 바젤 Ⅱ보다 손실흡수능력을 강화시킨 바젤 Ⅲ를 발표하였다. 바젤 Ⅲ에는 여러 가지 철학이 담겨 있다. 그중 주목할 만한 것은 "큰 힘에는 큰 책임이 따른다."라는 정신이다.

BCBS는 높은 진입장벽과 정부의 보호에 기반하여 큰 힘을 보유한 은행이 흔들릴 경우 경제시스템에 심대한 타격을 줄 수 있다는 문제의식하에 은행에게 이전보다 훨씬 더 무거운 책임을 부여하였다. 바젤 Ⅱ에서는 BIS자본비율 8%, 기본자본비율(Tier 1) 4%, 보통주자본비율 2% 이상을 권고 수치로 제시했는데, 바젤 Ⅲ에서는 BIS자본비율은 8%를 그대로 두되 기본자본비율은 6%, 보통주자본비율은 4.5% 이상을 요구하였다. 여기에 완충자본(Capital Buffer)을 추가로 적립하게 하였다. 완충자본은 자본보전완충자본(Conservation Buffer)과 경기대응완충자본(Countercyclical Buffer)으로 구성된다. 자본보전완충자본은 모든 은행에 대해 상시적으로 위험가중자산의 2.5%를 추가 적립하도록 하는 것이다. 경기대응완충자본은 금융당국의 판단하에 경기변동에 따라 0~2.5% 범위 내에서 추가 적립하도록 하는 것이다. 이것으로 끝이 아니다. 업계 선두권의 초대형 은행에게는 더 큰 책임을 부여했다. 경제시스템 내에서 차지하는 비중이 큰 시스템적 중요은행(Systemically Important Bank)에게는 1.0%를 추가적으로 더 적립하게끔 하였다.

NICE신용평가는 그간의 노력을 통해 증권사가 대형화하고 위탁매매 중심의 단순 영업에서 벗어나 IB 및 해외사업 비중이 높아져 금융당국의 정책 의도가 상당 수준 달성되었다고 본다. 다만, 증권사의 대형화와 사업구조 다변화 과정에서 나타난 몇 가지 문제점은 보완이 필요하다. 이제 대형 증권사에게는 권한만 주는 것이 아니라 책임을 부여하는 것에 대해서도 생각해 보아야 한다. 과거 2003년 신용카드 사태, 2008년 글로벌 금융위기, 2011년 저축은행 사태 같은 위기 때에는 증권업이 큰 문제가 되지 않았다. 그러나 최근 들어서는 금융시장을 뒤흔드는 위기가 발생할 때마다 항상 그 중심에 증권사가 있는 모습이 발견된다. 경제시스템 내에서 위상과 힘이 커진 증권사가 그에 걸맞은 책임을 다하고 있는지, 만약 그렇지 못하다면 어떠한 부분을 개선해야 할지 깊은 분석과 고민이 필요한 시점이다.

"큰 힘에는 큰 책임이 따른다.
(With great power comes great responsibility.)"

─ 영화 '스파이더맨(Spider-Man)' 중에서